Khalil Gibran, Antoine de Saint-Exupéry, C. G. Jung
Der Traum ist die Arbeit der Seele

Khalil Gibran, Antoine de Saint-Exupéry,
C. G. Jung

Der Traum ist die Arbeit der Seele

Herausgegeben
von Christian Machalet

Benziger

Die Deutsche Bibliothek – CIP-Einheitsaufnahme

Der Traum ist die Arbeit der Seele /
Khalil Gibran; Antoine de Saint-Exupéry; C. G. Jung.
Hrsg. von Christian Machalet. – Düsseldorf; Zürich: Benziger, 2001
ISBN 3-545-20219-4

© 2001 Patmos Verlag GmbH & Co. KG
Benziger Verlag, Düsseldorf und Zürich
Alle Rechte, einschließlich derjenigen des auszugsweisen
Abdrucks sowie der fotomechanischen und elektronischen
Wiedergabe, vorbehalten.
Umschlaggestaltung: GrafikDesign Reckels & Schneider-Reckels, Wiesbaden
Satz: Fotosatz Moers, Mönchengladbach
Druck: Clausen & Bosse, Leck
ISBN 3-545-20219-4
www.patmos.de

Inhalt

Vorwort

Dem Träumen auf den Grund zu gehen gehört zu den vornehmlichsten Aufgaben der Jungschen Psychologie. Das Träumen selbst hat für den Menschen eine geradezu lebensnotwendige und lebenserhaltende Funktion.

Und dennoch sind Träume nach wie vor rätselhaft und auch das Eigenartigste, was die Seelenarbeit hervorbringt. Träume entbehren der Logik, sie sind phantastisch und scheinen sehr irreal und haben dennoch entscheidenden Einfluß auf die den Menschen bestimmende Wirklichkeit. Ihnen wohnt die Kraft inne, eingeschlagene Wege in Frage zu stellen, zu korrigieren oder sogar neue Lösungswege vorzugeben.

Wenn in diesem Büchlein die Gedanken Carl Gustav Jungs mit Texten von Antoine de Saint-Exupéry und Khalil Gibran, den beiden Philosophen unter den Schriftstellern, verbunden sind, wird das zugrunde liegende Traumverständnis um etliche Dimensionen erweitert: Es geht um das breite Spektrum der Phantasie, des Erinnerns, der Symbole, Tagträume, Sehnsüchte, inspirierter Botschaften und Visionen.

C. G. Jung wußte von den großen kollektiven und archetypischen Träumen, die sich in allen Kulturen entdecken lassen, was dem Traum eine über das Individuelle hinausgehende gesellschaftliche Bedeutung zukommen lässt.

Berühmt geworden ist die große Rede Martin Luther Kings, die mit den Worten «I had a dream», «Ich hatte einen Traum» begann. Sein Traum, seine Vision hatte eine enorme politische Kraft, hielt Sehnsüchte wach und stärkte die

Hoffnung von unterdrückten Menschen nicht nur in Amerika, sondern weltweit.

Ähnlich wie Martin Luther King hatten auch Khalil Gibran und Antoine de Saint-Exupéry Träume, Visionen und Bilder von einer anderen, besseren Welt.

«Die Stadt in der Wüste», das Buch, das Saint-Exupéry selbst als «mon œvre posthume» bezeichnete, besteht aus einer Aneinanderreihung von Parabeln einer ganz und gar erträumten Welt. Die Zitadelle des Berberprinzen ist nicht nur der Hort der Tradition, sondern auch das «Schloß der Seele» des heiligen Johannes vom Kreuz, das jeder Mensch in sich tragen möge.

Khalil Gibran, der Dichter der Sehnsucht, vermittelt mit seinen Traumfiguren, daß sich das Leben nur symbolisch erschließen läßt. Seine erträumten Welten sind geeignet, das Unbewußte der Seele zu erblicken und die Armut der Realität sichtbar zu machen.

Mit den Gedanken dieser drei großen Persönlichkeiten des 20. Jahrhunderts läßt sich die Vielfalt träumerischer Dynamik erschließen.

Christian Machalet

Vom Wesen der Träume

Vom Wesen der Träume

Der Traum ist ein Stück *unwillkürlicher* psychischer Tätigkeit, das gerade soviel Bewußtheit hat, um im Wachzustand reproduzierbar zu sein. Unter den seelischen Erscheinungen bietet der Traum vielleicht am meisten «irrationale» Gegebenheiten. Er scheint ein Minimum von jener logischen Verknüpftheit und Hierarchie der Werte mitbekommen zu haben, die die sonstigen Bewußtseinsinhalte aufweisen, und ist darum weniger durchschaubar und faßbar. Logisch, moralisch und ästhetisch befriedigend kombinierte Träume gehören ja zu den Ausnahmen. In der Regel ist der Traum ein sonderbares und fremdartiges Gebilde, das sich durch viele «schlechte Eigenschaften», wie Mangel an Logik, zweifelhafte Moral, unschöne Gestaltung und offensichtliche Widersinnigkeit oder Sinnlosigkeit auszeichnet. Man tut ihn deshalb gerne als dumm, sinn- und wertlos ab. ...
Lohnt es sich überhaupt, im einzelnen Fall dem Sinn eines Traumes nachzuforschen, vorausgesetzt, daß Träume überhaupt einen Sinn haben und daß dieser sich im allgemeinen nachweisen läßt. ...
Es gibt anscheinend zunächst keine eindeutigen Formgesetze und überhaupt keine regelmäßigen Verhaltensweisen des Traumes, abgesehen von den allbekannten «typischen» Träumen, wie zum Beispiel dem Alptraum oder «Schrätteli». Angstträume sind zwar nicht selten, bilden aber keineswegs

die Regel. Daneben gibt es *typische* Traummotive, die auch dem Laien bekannt sind, wie zum Beispiel das Fliegen, das Treppen- oder Bergsteigen, das Herumgehen mit ungenügender Bekleidung, das Zahnausfallen, die Volksmenge, das Hotel, den Bahnhof, die Eisenbahn, das Flugzeug, das Automobil, die beängstigenden Tiere (Schlangen) usw. Diese Motive sind recht häufig, genügen aber keineswegs, um auf eine Gesetzmäßigkeit im Gefüge des Traumes schließen zu können.

Es gibt Menschen, die von Zeit zu Zeit immer wieder denselben Traum haben. Namentlich kommt dies in jugendlichem Alter vor; gelegentlich aber erstreckt sich eine solche Wiederholung auch über mehrere Jahrzehnte. Dabei handelt es sich nicht selten um sehr eindrucksvolle Träume, wo man unbedingt das Gefühl hat, daß sie «doch etwas heißen müssen». Dieses Gefühl besitzt insofern seine Berechtigung, als man auch bei größter Vorsicht nicht um die Annahme herumkommt, daß von Zeit zu Zeit eine bestimmte psychische Situation eintritt, die den Traum veranlaßt. Eine «psychische Situation» ist aber etwas, das, wenn es formuliert werden kann, identisch ist mit einem bestimmten *Sinn* – dies allerdings nur, wenn man sich nicht auf die durchaus unbewiesene Hypothese versteift, daß alle Träume auf Magenverstimmungen, Rückenlage des Schläfers und dergleichen mehr zurückzuführen seien. Solche Träume legen es einem in der Tat nahe, einen gewissen kausalen Sinngehalt wenigstens zu vermuten. Dasselbe gilt von den sogenannten typischen Motiven, die sich viele Male in längeren Traumserien wiederholen. Auch hier kann man sich schwer des Eindruckes erwehren, daß «damit etwas gemeint» sei. ...

Es ist das große Verdienst FREUDS, der Traumforschung auf die Spur verholfen zu haben. Er hat vor allem erkannt, daß wir ohne den Träumer keine Deutung vornehmen können. Die Wörter, die einen Traumbericht zusammensetzen, haben eben nicht bloß *einen* Sinn, sondern sind vieldeutig. Träumt zum Beispiel jemand von einem Tisch, so weiß man noch lange nicht, was der «Tisch» des Träumers bedeutet, obwohl das Wort Tisch unzweideutig genug zu sein scheint. Wir wissen nämlich eines nicht, und zwar, daß dieser Tisch gerade jener Tisch ist, an dem sein Vater saß, als er dem Träumer jegliche weitere finanzielle Hilfe versagte und ihn als Taugenichts aus dem Hause warf. Die blanke Oberfläche dieses Tisches starrte ihm als Symbol seiner katastrophalen Untauglichkeit im Bewußtsein des Tages sowohl wie im Traume der Nacht entgegen. Das ist, was unser Träumer unter «Tisch» versteht. Darum brauchen wir die Hilfe des Träumers, um die Vielfalt der Wortbedeutungen auf das Wesentliche und Überzeugende einzuschränken. Daß der Tisch einen peinlichen Hauptpunkt im Leben des Träumers bezeichnet, daran kann jeder zweifeln, der nicht dabei war. Der Träumer aber zweifelt nicht daran, auch ich nicht. Es ist klar, daß die Traumdeutung in allererster Linie ein Erlebnis ist, das zunächst nur für zwei Personen einwandfrei feststeht.

Wenn wir also zur Feststellung gelangen, daß der Tisch im Traum eben jenen fatalen Tisch mit allem, was daran hängt, bedeutet, dann haben wir zwar nicht den Traum, aber wenigstens dieses einzelne Motiv in der Hauptsache gedeutet, das heißt wir erkannten, in was für einem subjektiven Kontext das Wort Tisch steht …

Um den Sinn des Traumes festzustellen, habe ich auf Grund der oben erläuterten Erkenntnis ein Verfahren ausgebildet, das ich als das *Aufnehmen des Kontextes* bezeichne und das darin besteht, daß bei jeder hervorstechenden Einzelheit des Traumes durch die *Einfälle des Träumers* festgestellt wird, in welcher Bedeutungsnuance sie ihm erscheint. Ich verfahre also nicht anders als bei der Dechiffrierung eines schwer lesbaren Textes. Diese Methode ergibt als Resultat durchaus nicht immer einen unmittelbar verständlichen Text, sondern zunächst oft nur einen als bedeutsam erscheinenden Hinweis auf zahlreiche Möglichkeiten. Ich behandelte einmal einen jüngeren Mann, der mir in der Anamnese angab, glücklich verlobt zu sein, und zwar mit einem Mädchen aus «guter» Familie. In seinen Träumen trat ihre Gestalt öfters in sehr unvorteilhafter Weise auf. Der Kontext ergab, daß das Unbewußte des Träumers allerlei Skandalgeschichten aus ganz anderer Quelle mit der Gestalt seiner Braut kombinierte, was ihm durchaus unbegreiflich war und mir natürlich ebenfalls. Aus der ständigen Wiederholung solcher Kombinationen mußte ich aber schließen, daß trotz seines bewußten Widerstands eine unbewußte Tendenz vorlag, seine Braut in solch zweideutigem Licht erscheinen zu lassen. Er sagte mir, wenn so etwas wahr wäre, so würde ihm das soviel wie eine Katastrophe bedeuten. Seine akute Neurose hatte einige Zeit nach der Verlobungsfeier eingesetzt. Trotz der Undenkbarkeit schien mir die Verdächtigung seiner Braut ein Punkt von so kapitaler Wichtigkeit zu sein, daß ich ihm anriet, Nachforschungen anzustellen. Diese erwiesen nun den Verdacht als gerechtfertigt, und der «Schock» der unerfreulichen Entdeckung erschlug den Patienten nicht, sondern kurierte ihn von seiner Neurose und damit auch von seiner Braut. Obgleich also die Aufnahme des Kontextes eine sogenannte «Undenkbarkeit» und damit eine anscheinend widersinnige Deutung der Träume ergab, so erwies sie sich dennoch als richtig. Dieser Fall ist von exemplarischer Einfachheit. Es ist überflüssig, zu betonen, daß die wenigsten Träume eine so einfache Lösung finden. …

So sehr die Träume auf ein bestimmt geartetes Bewußtsein und auf eine bestimmte seelische Situation sich beziehen, so tief liegen ihre Wurzeln in dem unerkennbar dunklen Hintergrund des Bewußtseinsphänomens. Wir nennen diesen Hintergrund aus Ermangelung eines bezeichnenderen Ausdruckes das *Unbewußte*. Wir kennen sein Wesen an und für sich nicht, sondern beobachten nur gewisse Auswirkungen, aus deren Beschaffenheit wir gewisse Rückschlüsse auf die Natur der unbewußten Psyche wagen. Weil der Traum eine ungemein häufige und normale Äußerung der unbewußten Psyche ist, liefert er das meiste Erfahrungsmaterial zur Erforschung des Unbewußten.

Da nun der Sinn der meisten Träume nicht mit den Tendenzen des Bewußtseins zusammenfällt, sondern eigentümliche Abweichungen aufweist, müssen wir annehmen, daß das Unbewußte, die Matrix der Träume, eine selbständige Funktion hat. Ich bezeichne dies als *Autonomie des Unbewußten*. Der Traum gehorcht nicht nur nicht unserem Willen, sondern stellt sich sogar recht häufig in grellen Gegensatz zu den Absichten des Bewußtseins. Der Gegensatz ist aber nicht immer so ausgeprägt; zuweilen kann der Traum auch nur in geringem Maße von der bewußten Einstellung oder Tendenz abweichen und Modifikationen anbringen; ja, er kann sogar gelegentlich mit Inhalt und Tendenz des Bewußtseins koinzidieren. Um dieses Verhalten zu formulieren, bot sich mir als einzig möglicher Begriff der der *Kompensation* an, welcher allein imstande ist, wie mir scheint, alle Verhaltensweisen des Traumes sinnvoll zusammenzufassen. Die Kompensation muß von der *Komplementierung* streng unterschieden werden. Das Komplement ist ein zu beschränkter und beschränkender Begriff, der nicht genügt, um die Traumfunktion passend zu erklären, da er ein zwangsläufiges Ergänzungsverhältnis bezeichnet. Die Kompensation dagegen ist, wie der Terminus besagt, eine Gegeneinanderhaltung und Vergleichung verschiedener Daten oder Standpunkte, wodurch ein Ausgleich oder eine Berichtigung entsteht. In dieser Hinsicht gibt es drei Möglichkeiten. Wenn die Einstellung des Bewußtseins zur Lebenssituation in hohem Maße einseitig ist, stellt sich der Traum auf die Gegenseite. Hat das Bewußtsein eine der «Mitte» relativ angenäherte Stellung, so begnügt sich der Traum mit Varianten. Ist die Stellung des Bewußtseins aber «korrekt» (adäquat), so koinzidiert der Traum und unterstreicht damit dessen Tendenz, ohne jedoch dabei seine ihm eigentümliche Autonomie zu verlieren. ...

Weil die einfacheren Methoden so oft versagen und der Arzt dann nicht mehr weiß, wie er den Patienten weiterbehandeln soll, bietet die kompensatorische Funktion der Träume eine willkommene Hilfe. Nicht, daß etwa die Träume moderner Menschen unmittelbar die passenden Heilmittel angäben, wie dies von den Inkubationsträumen berichtet wird, die in den Asklepiostempeln geträumt wurden; sie beleuchten aber die Situation des Patienten in einer Art und Weise, die überaus gesundheitsfördernd sein kann. Sie bringen Erinnerungen, Einsichten, Erlebnisse, sie wecken Schlafendes in der Persönlichkeit und decken Unbewußtes in den Beziehungen auf, so daß selten einer, der es sich nicht verdrießen ließ, seine Träume während längerer Zeit mit berufenem Beistand zu verarbeiten, ohne Bereicherung und Erweiterung seines Horizontes geblieben ist. Gerade vermöge des kompensatorischen Verhaltens erschließt die konsequent durchgeführte Analyse der Träume neue Gesichtspunkte und öffnet neue Wege, die über den gefürchteten Stillstand hinweghelfen.

Mit dem Begriff der Kompensation ist allerdings nur eine ganz allgemeine Charakterisierung der Traumfunktion gegeben. Wenn man, wie dies in längeren und schwierigeren Behandlungen der Fall ist, über viele Hunderte sich erstreckende Serien von Träumen vor die Augen bekommt, dann drängt sich dem Beobachter allmählich ein Phänomen auf, das beim einzelnen Traum hinter der jeweiligen Kompensation verborgen ist. Es ist dies eine Art von Entwicklungsvorgang in der Persönlichkeit. ...

Während ich es einem intelligenten Laien mit einigen psychologischen Kenntnissen, einer gewissen Lebenserfahrung und Übung durchaus zutraue, die Traumkompensation praktisch richtig diagnostizieren zu können, halte ich es für ausgeschlossen, daß jemand ohne Kenntnisse auf mythologischem und folkloristischem Gebiet, ohne ein Wissen um die Psychologie der Primitiven und um die vergleichende Religionswissenschaft das Wesen des Individuationsprozesses versteht, der nach allem, was wir wissen, der psychologischen Kompensation zugrunde liegt.

Nicht alle Träume sind von gleicher Wichtigkeit. Schon die Primitiven unterscheiden «kleine» und «große» Träume. Wir würden etwa sagen «unbedeutende» und «bedeutende» Träume. Genauer besehen sind die «kleinen» Träume die allnächtlichen Phantasiefragmente, die der subjektiven und persönlichen Sphäre entstammen und sich hinsichtlich ihrer Bedeutung in der Alltäglichkeit erschöpfen. Deshalb werden solche Träume auch leicht vergessen, weil eben ihre Gültigkeit nicht weiter reicht als die täglichen Schwankungen des seelischen Gleichgewichts. Bedeutungsvolle Träume dagegen werden oft ein Leben lang im Gedächtnis bewahrt, und nicht selten bilden sie das Kernstück in der Schatzkammer seelischer Erlebnisse. Wie viele Menschen habe ich angetroffen, die es bei der ersten Begegnung nicht lassen konnten zu sagen: «Ich habe einmal einen Traum gehabt!» Gelegentlich war es der erste Traum, an den sie sich überhaupt erinnern konnten und der zwischen dem dritten und fünften Lebensjahr zustande kam. Ich habe viele solcher Träume untersucht und fand an ihnen häufig eine Besonderheit, die sie vor anderen Träumen auszeichnet. Es kommen in ihnen nämlich symbolische Gebilde vor, denen wir auch in der Geschichte des menschlichen Geistes begegnen. Bemerkenswert ist, daß der Träumer von der Existenz solcher Parallelen keine Ahnung zu haben braucht. Diese Besonderheit gilt für die Träume des Individuationsprozesses. Es sind in ihnen sogenannte mythologische Motive beziehungsweise Mythologeme enthalten, die ich als *Archetypen* bezeichnet habe. Darunter sind spezifische Formen und bildmäßige Zusammenhänge zu verstehen, die sich in übereinstimmender Form nicht nur in allen Zeiten und Zonen, sondern auch in den individuellen Träumen, Phantasien, Visionen und Wahnideen finden. Ihr häufiges Vorkommen in individuellen Fällen sowohl wie ihre ethnische Ubiquität beweisen, daß die menschliche Seele nur zu einem Teil einmalig und subjektiv oder persönlich ist, zum anderen aber kollektiv und objektiv.

Wir sprechen daher einerseits von einem *persönlichen,* andererseits von einem *kollektiven* Unbewußten, das gleichsam eine tiefere Schicht als das bewußtseinsnähere persönliche Unbewußte darstellt. Die «großen» beziehungsweise bedeutungsvollen Träume entstammen dieser tieferen Schicht. Ihre Bedeutsamkeit verrät sich, abgesehen vom subjektiven Eindruck, schon durch ihre plastische Gestaltung, die nicht selten dichterische Kraft und Schönheit zeigt. Solche Träume ereignen sich meist in schicksalsentscheidenden Ab-

schnitten des Lebens, so in der ersten Jugend, in der Pubertätszeit, um die Lebensmitte (sechsunddreißigstes bis vierzigstes Jahr) und in conspectu mortis. Ihre Deutung ist oft mit beträchtlichen Schwierigkeiten verknüpft, weil das Material, das der Träumer beitragen kann, zu spärlich ist. Es handelt sich eben bei den archetypischen Gebilden nicht mehr um persönliche Erfahrungen, sondern gewissermaßen um allgemeine Ideen, deren Hauptbedeutung in dem ihnen eigentümlichen Sinn und nicht in irgendwelchen persönlichen Erlebniszusammenhängen besteht. Ein junger Mann träumte zum Beispiel *von einer großen Schlange, die in einem unteriridischen Gewölbe eine goldene Schale bewachte.* Er hatte zwar einmal eine Riesenschlange in einem zoologischen Garten gesehen, aber sonst vermochte er gar nichts anzuführen, was ihm zu einem solchen Traum hätte Anlaß geben können, außer die Erinnerung an märchenhafte Erzählungen. Nach diesem unbefriedigenden Kontext zu schließen, hätte der Traum, der sich aber gerade durch stärkste Affekte auszeichnete, eine durchaus gleichgültige Bedeutung. Damit wäre aber dessen ausgesprochene Emotionalität nicht erklärt. In einem solchen Fall müssen wir auf das Mythologem zurückgreifen, wo Schlange oder Drache, Hort und Höhle eine der Bewährungsproben des Heldenlebens darstellen. Dann wird es klar, daß es sich um eine kollektive Emotion handelt, das heißt um eine typische, affektvolle Situation, die nicht in erster Linie ein persönliches Erlebnis ist, sondern erst sekundär zu einem solchen wird. Primär handelt es sich um ein allgemein menschliches Problem, das subjektiv übersehen wurde und das sich deshalb objektiv zum Bewußtsein durchdrängt. ...
Solche Überlegungen werden unvermeidlich, wenn man dem Sinn der «großen» Träume gerecht werden will. Sie ver-

Der Traum des Nebukadnezar
Speculum humanae salt ationis
Codex Palatinus Latinus 413 (Vatikan, 15. Jh.)

wenden nämlich zahlreiche Mythologeme, die das Leben des Heros, das heißt jenes größeren Menschen halbgöttlicher Natur, charakterisieren. Hier gibt es gefährliche Abenteuer und Bewährungsproben, wie sie in Initiationen vorkommen. Es gibt Drachen, hilfreiche Tiere und Dämonen. Wir begegnen dem alten Weisen, dem Tiermenschen, dem verborgenen Schatz, dem Wunschbaum, dem Brunnen, der Höhle, dem ummauerten Garten, den Wandlungsprozessen und Substanzen der Alchemie usw., lauter Dingen, die sich nirgends mit den Banalitäten des Alltags berühren. Der Grund hierfür ist, daß es sich um die Verwirklichung eines Persönlichkeitsteiles handelt, der noch nicht war, sondern erst im Begriff ist, zu werden.

Die Art und Weise, wie solche Mythologeme, sich gegenseitig verdichtend und modifizierend, im Traume auftreten, schildert die Abbildung von Nebukadnezars Traum (Dan. 4,7 ff.). Obschon das Bild anscheinend nichts anderes zu sein vorgibt als eine Darstellung jenes Traumes, so ist es doch wie vom darstellenden Künstler nochmals geträumt, was sofort ersichtlich wird, wenn man die Einzelheiten desselben genauer untersucht. Der Baum wächst (in unhistorischer Weise) aus dem Nabel des Königs: Er ist also jener Stammbaum der Ahnen Christi, der aus dem Nabel Adams, des Stammvaters, wächst. Daher trägt er in der Krone den Pelikan, der mit seinem Blut die Jungen nährt. ...

Wenn aber die Träume so wesentliche Kompensationen hervorbringen, warum sind sie dann nicht verständlich? Diese Frage wurde mir oft gestellt. Darauf muß man antworten, daß der Traum ein Naturereignis ist und daß die Natur keinerlei Neigung bekundet, ihre Früchte gewissermaßen gratis und der menschlichen Erwartung entsprechend zur Verfügung zu stellen. Man wendet oft ein, daß die Kompensation ja unwirksam sei, wenn der Traum nicht verstanden wird. Das ist aber nicht so sicher, da ja vieles wirkt, ohne daß es verstanden wird. Zweifellos aber können wir durch das Verstehen die Wirkung beträchtlich steigern, was oft notwendig ist, weil das Unbewußte überhört werden kann. «Quod natura relinquit imperfectum, ars perficit!» (Was die Natur unvollendet ließ, vollendet die Kunst!) lautet ein alchemistischer Ausspruch.

Was nun endlich die Gestalt der Träume anbetrifft, so findet sich schlechterdings alles, vom blitzartigen Eindruck bis zum unendlich langen Traumgespinst. Immerhin gibt es eine große Mehrzahl «durchschnittlicher» Träume, in denen sich eine gewisse Struktur erkennen läßt; und zwar ist sie derjenigen des *Dramas* nicht unähnlich. Der Traum beginnt zum Beispiel mit einer *Ortsangabe*, wie: «Ich bin auf einer Straße, es ist eine Allee» (1); oder «Ich bin in einem großen Gebäude, wie ein Hotel» (2) usw. Dazu kommt häufig eine Angabe über die *handelnden Personen*, zum Beispiel: «Ich gehe mit meinem Freund X spazieren in einer städtischen Anlage. Bei einer Wegkreuzung stoßen wir plötzlich auf Frau Y» (3); oder «Ich sitze mit Vater und Mutter in einem Eisenbahncoupé» (4); oder «Ich bin in Uniform, viele Dienstkameraden umgeben mich» (5) und so weiter. Zeitangaben sind seltener. Ich bezeichne diese Phase des Traumes als *Exposition*. Sie gibt den Ort der Handlung, die handelnden Personen und häufig die Ausgangslage an.

Die zweite Phase ist die der *Verwicklung*. Zum Beispiel: «Ich bin auf einer Straße, es ist eine Allee. In der Ferne taucht ein Automobil auf, das sich rasch nähert. Es fährt merkwürdig unsicher, und ich denke, der Chauffeur sei am Ende betrunken» (1). Oder «Frau Y scheint in großer Erregung zu sein und will mir hastig etwas zuflüstern, was offenbar mein

Freund X nicht hören soll» (3). Die Situation wird irgendwie kompliziert, und es tritt eine gewisse Spannung ein, da man nicht weiß, was es jetzt geben soll.

Die dritte Phase ist die der *Kulmination* oder der *Peripetie*. Hier geschieht etwas Entscheidendes, oder es schlägt etwas um, zum Beispiel: «Plötzlich bin *ich* im Wagen und anscheinend selber dieser betrunkene Chauffeur. Ich bin allerdings nicht betrunken, sondern seltsam unsicher und wie steuerlos. Ich kann den rasch fahrenden Wagen nicht mehr halten und stoße mit Krach in eine Mauer» (1). Oder «Plötzlich wird Frau Y leichenblaß und stürzt zu Boden» (3).

Die vierte und letzte Phase ist die *Lysis,* die *Lösung* oder das durch die Traumarbeit erzeugte *Resultat* (es gibt gewisse Träume, bei denen die vierte Phase fehlt, was unter Umständen ein besonderes Problem bilden kann), zum Beispiel: «Ich sehe, daß das Vorderteil des Wagens zerschmettert ist. Es ist ein fremder Wagen, den ich nicht kenne. Ich selber bin unverletzt. Ich denke mit einiger Bangigkeit über meine Verantwortlichkeit nach» (1). Oder «Wir denken, Frau Y sei tot. Aber es ist offenbar nur eine Ohnmacht. Freund X ruft: ‹Ich muß einen Arzt holen›» (3). Die letzte Phase gibt einen abschließenden Tatbestand, der zugleich auch das «gesuchte» Resultat ist. In Traum 1 ist offenbar nach einem gewissen steuerlosen Durcheinander eine neue Besinnlichkeit eingetreten, das heißt sie sollte eintreten, da der Traum kompensatorisch ist. Im Traum 3 ist das Resultat der Gedanke, daß die Hilfe einer kompetenten Drittperson angezeigt wäre.

Der erste Träumer (1) ist ein Mann, der in schwierigen familiären Umständen den Kopf etwas verloren hat und es nicht zum Äußersten kommen lassen wollte. Der zweite Träumer (3) war im Zweifel, ob er richtig daran tue, für seine Neurose die Hilfe eines Psychotherapeuten in Anspruch zu nehmen. Mit diesen Angaben ist der Traum freilich noch nicht gedeutet, sondern bloß seine Ausgangslage skizziert. Diese Vierphaseneinteilung läßt sich bei der Mehrzahl praktisch vorkommender Träume ohne besondere Schwierigkeiten verwenden, was also bestätigen würde, daß der Traum meist eine «dramatische» Struktur hat.

Der wesentliche Inhalt der Traumhandlung ist, wie ich oben gezeigt habe, eine Art von feinabgestimmter Kompensation für eine gewisse Einseitigkeit, Irrtümlichkeit, Abweichung oder sonstige Defektuosität des bewußten Standpunktes. Eine meiner hysterischen Patienten, eine Aristokratin, die sich überflüssigerweise unendlich distinguiert vorkam, begegnete in ihren Träumen serienweise schmutzigen Fischweibern und betrunkenen Prostituierten. In extremen Fällen werden die Kompensationen dermaßen bedrohlich, daß aus Angst davor Schlaflosigkeit eintritt.

Der Traum kann einen also peinlichst desavouieren oder in anscheinend wohlwollendster Weise moralisch stützen. Das erstere kommt gerne vor bei Leuten, die eine zu gute Meinung von sich haben, wie die eben erwähnte Patientin, das letztere bei solchen, die sich für zu gering halten. Gelegentlich wird aber im Traum der Überhebliche nicht etwa bloß gedemütigt, sondern zu einem unwahrscheinlichen Rang erhöht, und zwar bis zur Lächerlichkeit, der allzu Demütige ebenso unwahrscheinlich erniedrigt («to rub it in», wie der Engländer sagt).

Bei vielen Leuten, die etwas, aber nicht genug von Träumen und deren Bedeutung wissen, entsteht unter dem Eindruck einer raffinierten und wie absichtlich erscheinenden Kompensation gerne das Vorurteil, der Traum habe tatsächlich eine moralische Absicht, er warne, tadle, tröste, sage voraus usw. Man läßt sich dadurch, daß man meint, das Unbewußte wisse ja alles besser, leicht verleiten, nötige Entscheidungen und Entschlüsse den Träumen zuzuschieben, und ist dann entsprechend enttäuscht, wenn die Träume immer nichtssagender werden. Die Erfahrung hat mir gezeigt, daß bei einiger Kenntnis der Traumpsychologie sich leicht eine Überschätzung des Unbewußten einstellt, welche die bewußte Entschlußkraft beeinträchtigt. Das Unbewußte funktioniert aber nur befriedigend. wenn das Bewußtsein seine Aufgaben bis zum Rande der Möglichkeiten erfüllt. Was dann noch fehlt, vermag vielleicht ein Traum zu ergänzen, oder er kann einem da weiterhelfen, wo auch das beste Bemühen versagt hat. …

Bei der Erforschung der Traumpsychologie stoßen wir auf weit hinausführende philosophische und sogar auf religiöse Probleme, zu deren Verständnis gerade das Phänomen der Träume entscheidende Beiträge geliefert hat. Aber wir könnten uns nicht rühmen, heute schon im Besitze einer allgemein befriedigenden Theorie oder Erklärung dieser schwer zu fassenden Erscheinung zu sein. Dazu ist uns das Wesen der unbewußten Psyche doch noch zu unbekannt. Auf diesem Gebiete ist noch unendlich viel geduldige und vorurteilslose Arbeit zu leisten, die sich niemand wird verdrießen lassen. Die Absicht der Forschung besteht ja nicht darin, sich im Besitz der alleinrichtigen Theorie zu wähnen, sondern durch Bezweiflung aller Theorien der Wahrheit allmählich näherzukommen. *C. G. Jung, Ges. Werke Bd. 8*

Wer auf Träume nicht achtet,
achtet nicht auf den Menschen

Suchen und finden

Um Ihnen das Gesagte zu illustrieren, will ich Ihnen ein kleines praktisches Beispiel eines Traumes samt seiner Deutung vorlegen.

Der Träumer ist ein akademisch gebildeter Mann von etwa fünfzig Jahren. Ich war nur gesellschaftlich mit ihm bekannt, und unsere gelegentliche Konversation war seinerseits meistens mit einigen spöttischen Anspielungen auf die «Traumdeuterei» gewürzt. So begegneten wir uns wieder einmal, und er fragte mich lachend, ob ich noch immer Träume deute. Wie stets bei solchen Gelegenheiten sagte ich ihm auch diesmal, daß er offenbar sehr unrichtige Vorstellungen von der Natur der Träume habe, worauf er entgegnete, er hätte jüngst einen Traum gehabt, den ich ihm deuten solle. Ich ließ mich darauf ein, und er erzählte mir folgenden Traum: *Er befand sich allein auf einer Bergtour. Er wollte einen sehr hohen, steilen Berg besteigen, den er vor sich aufragen sah. Zuerst war der Aufstieg etwas mühsam; dann aber, je höher er stieg, desto mehr zog es ihn aufwärts zum Gipfel. Er stieg immer rascher, und allmählich geriet er in eine Art Ekstase. Es war ihm, als flöge er empor, und als er auf den Gipfel gelangte, da hatte er das Gefühl, alle Schwere verloren zu haben, und er schritt über den Gipfel hinaus in die leere Luft.*

Hier erwachte er.

Nun wollte er wissen, was ich zu diesem Traum meinte. Ich

wußte, daß er nicht nur ein geübter, sondern auch ein begeisterter Bergsteiger war. Darum war ich auch nicht erstaunt, die alte Regel, daß der Traum sich üblicherweise in der Sprache des Träumers ausdrückt, wieder einmal bestätigt zu finden. Da ich wußte, wie wichtig ihm das Bergsteigen war, veranlaßte ich ihn, mir vom Bergsteigen zu erzählen. Er ging bereitwillig darauf ein und erzählte mir, daß er besonders gern allein ginge, führerlos, weil gerade die Gefahr ungeheuer anziehend wäre. Er erzählte mir auch von einigen recht gefährlichen Touren, deren Gewagtheit mir besonders eindrucksvoll war. Ich wunderte mich im stillen, was ihn wohl bewöge, solche gefahrvolle Situationen anscheinend mit besonderer Lust aufzusuchen. Er dachte offenbar etwas ähnliches, denn er fügte, ernster werdend, bei, er fürchte die Gefahr nicht, denn der Tod in den Bergen wäre für ihn etwas Schönes.

Diese Bemerkung warf ein bedeutsames Licht auf den Traum. Offenbar suchte er auch die Gefahr, vielleicht mit dem uneingestandenen Motiv des Selbstmordes. Warum aber sollte er den Tod suchen? Dafür mußten besondere Gründe bestehen. Ich warf daher ein, daß ein Mann in seiner Stellung sich doch solchen Gefahren nicht aussetzen sollte. Worauf er aber sehr entschieden sagte, die Berge lasse er sich nicht nehmen, er *müsse* dorthin gehen, hinaus aus der Stadt, weg von seiner Familie. Dieses Leben zu Hause lohne sich nicht. Damit war nun ein Zugang eröffnet zu den intimen Gründen seiner Leidenschaft. Ich vernahm von ihm, daß seine Ehe zerrüttet sei und ihn nichts zu Hause fessele. Auch seiner beruflichen Arbeit schien er mehr oder weniger überdrüssig zu sein. So erklärte sich seine unheimliche Leidenschaft für die Berge: Sie bedeuteten ihm Erlösung von einer ihm unerträglich gewordenen Existenz.

So erklärte sich nun auch sein Traum. Weil er doch noch am Leben hängt, ist der Aufstieg zu den Bergen am Anfang mühsam. Je mehr er sich aber seiner Leidenschaft überläßt, desto mehr reißt sie ihn hin und beflügelt seine Schritte. Sie reißt ihn schließlich über sich selber hinaus, er verliert seine Schwere, seinen Körper, und er steigt noch höher als die Berge, er tritt in die leere Luft hinaus. Offenbar ist dies der Tod in den Bergen.

Nach einigem Schweigen sagte er plötzlich: «Nun haben wir ja von ganz anderen Dingen gesprochen. Sie wollten ja meinen Traum deuten. Was halten Sie denn davon?» Ich sagte ihm ehrlich meine Meinung, daß er nämlich den Tod in den Bergen suche und daß er bei einer solchen Einstellung größte Gefahr laufe, auch wirklich den Tod zu finden. Er antwortete lachend: «Das ist ja Unsinn. Ich suche im Gegenteil Erholung in den Bergen.»

Es war ganz vergebens, ihm den Ernst der Lage klarzumachen. Ein halbes Jahr später, beim Abstieg von einer höchst gefährlichen Spitze, trat er buchstäblich ins Leere, fiel auf einen unter ihm stehenden Bergführer, den er mit sich riß, und beide fielen zu Tode. *C. G. Jung, Ges. Werke 17, 73 ff.*

Die Liebe beginnt, wo ein Geschenk nicht mehr zu erwarten ist

Ich hatte einen Traum nach der großen Begeisterung.

Denn ich war als Sieger in eine Stadt eingezogen, und die Menge strömte in einem Meere von Fahnen herbei und rief und sang bei meinem Vorüberzug. Und die Blumen bereiteten uns ein Lager für unseren Ruhm. Gott aber erfüllte mich nur mit einem Gefühl der Bitterkeit. Ich war, so schien es mir, der Gefangene eines schwachen Volkes.

Denn diese Menge, die deinen Ruhm begründet, läßt dich vor allem sehr allein! Was sich dir hingibt, trennt sich auch wieder von dir, denn nur auf dem Wege über Gott führt eine Brücke von dir zu den anderen Menschen. Und die allein sind meine wahrhaften Gefährten, die mit mir im Gebete das Knie beugen. So unterwerfen sie sich dem gleichen Maß und werden zu Körnern der gleichen Ähre, die für das gleiche Brot ausersehen ist. Jene beteten mich jedoch an und ließen eine Wüste in mir entstehen, denn ich kann den Menschen, die sich täuschen, keine Achtung bezeigen und vermag dieser Anbetung meiner Person nicht zuzustimmen. Ich kann nicht ihren Weihrauch entgegennehmen, denn ich vermag mich nicht nach den anderen zu richten, wenn ich über mich urteile. Ich bin meiner selbst überdrüssig, denn ich habe schwer an mir zu tragen und muß mich meiner selbst entäußern, wenn ich in Gott eingehen will. So ließen mich die Menschen, die mich beweihräucherten, traurig und öde werden; ich glich einem vertrockneten Brunnen, über den sich das Volk beugt, wenn es Durst hat. Denn ich konnte nichts schenken, was der Mühe wert gewesen wäre, und konnte nichts mehr von ihnen empfangen, da sie sich vor mir zu Boden warfen.

Ich brauche vor allem einen, der sich wie ein Fenster aufs Meer hin öffnet, nicht aber einen Spiegel, vor dem ich mich langweile.

Und in dieser Menge schienen mir allein die Toten Achtung zu verdienen, da sie sich nicht mehr um Eitelkeiten mühten. Als mich dann die Beifallsrufe wie ein leeres Geräusch ermüdet hatten, das mich nicht mehr belehren konnte, hatte ich diesen Traum:

Ein abschüssiger und glatter Weg führte hoch über dem Meere. Ein Unwetter hatte sich entladen, und die Nacht strömte wie ein voller Schlauch. Hartnäckig stieg ich Gott entgegen, um ihn nach dem Sinn der Dinge zu fragen und mir von ihm erklären zu lassen, wohin der Austausch führe, den man mir hatte auferlegen wollen.

Doch auf dem Gipfel des Berges gewahrte ich nur einen schweren Block aus schwarzem Granit, – und das war Gott. Er ist es wahrhaftig, sagte ich mir, der Unwandelbare und Unzerstörbare, denn ich hoffte noch, ich werde nicht tiefer in meiner Einsamkeit versinken müssen.

– Herr, sprach ich zu ihm, belehre mich! Sieh hier meine Freunde, meine Gefährten und Untertanen, sie sind für mich nur tönende Gliederpuppen. Ich habe sie in der Hand und bewege sie, wie es mir beliebt. Und es macht mir keine Sorge, daß sie mir gehorchen, denn es ist gut, wenn sich meine Weisheit auf sie herabsenkt; aber es bekümmert mich, daß sie zum Widerschein eines Spiegels wurden, denn so werde ich einsamer noch als ein Aussätziger. Wenn ich lache, so lachen sie. Wenn ich schweige, so verdüstern sich ihre Mienen. Und mein Wort, das ich erkenne, erfüllt sie wie das Windesrauschen die Bäume. Es gibt für mich keinen Austausch mehr, denn in dieser schrankenlosen Audienz höre ich nur noch meine eigene Stimme, die mir von ihnen wie das eisige Echo eines Tempels zurücktönt. Deshalb erschreckt mich die Liebe, und was habe ich von dieser Liebe zu erwarten, die nur mich selber vervielfacht?

Doch der Granitblock, über dem ein leuchtender Regen rauschte, blieb undurchdringlich.

– Herr, sprach ich zu ihm, denn in der Nähe saß ein schwarzer Rabe auf einem Zweige, ich verstehe durchaus, daß dieses Schweigen Deiner Majestät gemäß ist. Doch ich bedarf eines Zeichens. Gebiete diesem Raben davonzufliegen, sobald ich mein Gebet beendet habe. Dann wird das wie ein rascher Blick sein, den mir ein anderer zuwirft, und so bin ich nicht mehr allein auf der Welt. Ich werde Vertrauen zu Dir fassen, mag es auch nur ein dunkles Vertrauen sein.

Ich verlange nichts als das eine: Es möge mir bedeutet werden, daß es vielleicht etwas zu verstehen gibt.

Und ich betrachtete den Raben.

Aber er blieb unbeweglich.

Da neigte ich mich zur Mauer:

Herr, sprach ich zu ihm, gewiß hast Du recht. Es kommt Deiner Majestät nicht zu, Dich meinen Weisungen zu unterwerfen. Wäre der Rabe davongeflogen, so hätte er mich nur noch trauriger gestimmt. Denn ein solches Zeichen hätte ich nur von einem Gleichgestellten, also abermals von mir selber, empfangen können, und so wäre es gleichfalls nur ein Widerschein meiner Sehnsucht gewesen. Wiederum wäre ich nur meiner Einsamkeit begegnet.

Nachdem ich mich so in Anbetung niedergeworfen hatte, ging ich den Weg zurück, den ich gekommen war.

Es begab sich jedoch, daß meine Verzweiflung einer unerwarteten und eigentümlichen Heiterkeit wich. Ich versank im Schlamm des Weges, ich riß mich an den Dornen wund, ich kämpfte gegen die peitschenden Windstöße an, und doch kam eine gefestigte Klarheit über mich. Denn ich wußte nichts; aber ich hätte auch nichts erfahren können, was mich nicht angewidert hätte. Ich hatte Gott nicht berührt, doch ein Gott, der sich berühren läßt, ist kein Gott mehr. Er ist es auch nicht mehr, wenn er dem Gebete gehorcht. Und zum ersten Male ahnte ich: Die Größe des Gebets beruht vor allem darauf, daß ihm nicht geantwortet wird und daß dieser Austausch nichts mit einem schäbigen Handel zu tun hat. Und ich ahnte, daß das Erlernen des Gebets im Erlernen des Schweigens besteht und dort erst die Liebe beginnt, wo kein Geschenk mehr zu erwarten ist. Die Liebe ist vor allem Übung des Gebets und das Gebet Übung des Schweigens.

Und ich kehrte unter mein Volk zurück und schloß es zum ersten Male in das Schweigen meiner Liebe ein. Und so spornte ich sie bis zum Tode zu Geschenken an. Trunken machten sie meine verschlossenen Lippen. Ich war Hirte, Tabernakel ihrer Lobgesänge und Treuhänder ihrer Geschicke, Herr über ihr Hab und Gut und über ihr Leben und doch ärmer als sie und demütiger in meinem unbeugsamen Stolze. Und ich wußte wohl, daß es hier nichts zu empfangen gab. Es vollzog sich einfach ihr Werden in mir, und ihr Lobgesang bildete sich aus meinem Schweigen. Und durch mich waren wir, sie und ich, nur noch Gebet, das sich im Schweigen Gottes gründete.

A. de Saint-Exupéry, Die Stadt in der Wüste

Die Jugend ging vor mir her

Die Jugend ging vor mir her, und ich folgte ihren Spuren, bis wir ein entferntes Feld erreichten. Dort hielt sie an und betrachtete die wandernden Wolken, die sich wie eine Herde weißer Schafe vom Abendhimmel abhoben, so wie die Bäume, die ihre entlaubten Zweige nach oben reckten, als ob sie den Himmel anflehen wollten, ihnen ihren grünen Blätterschmuck zurückzugeben. Da fragte ich:

«Wo sind wir, o Jugend?»

Sie antwortete: «Auf dem Feld des Zweifels. Hab acht!»

«Laß uns zurückkehren», bat ich, «denn die Einsamkeit des Ortes flößt mir Angst ein, und der Anblick der wandernden Wolken und der nackten Bäume betrübt meine Seele».

Sie sagte: «Hab Geduld, denn der Zweifel ist der Beginn der Erkenntnis.»

Ich sah mich um und erblickte eine Nymphe, die wie ein Geist auf uns zukam. Ich rief erstaunt:

«Wer ist das?»

Sie entgegnete: «Das ist Melpomene, die Tochter Jupiters, und die Muse der Tragödie.»

Ich fragte: «Und was will die Tragödie von mir, während du, fröhliche Jugend, an meiner Seite bist?»

Sie sagte: «Sie kam, um dir die Erde und ihre Sorgen zu zeigen, denn wer die Trauer nicht sieht, kann auch die Freude nicht kennen.»

Die Nymphe legte ihre Hände auf meine Augen, und als sie sie wieder wegnahm, sah ich mich getrennt von meiner Jugend und entblößt vom Gewand der Materie. Ich fragte:

«Wo ist die Jugend, Tochter der Götter?»

Sie antwortete mir nicht; statt dessen umhüllte sie mich mit ihren Flügeln und flog mit mir auf den Gipfel eines hohen Berges. Da sah ich die Erde und alles, was sie enthält, wie eine Buchseite vor mir ausgebreitet, und die Geheimnisse ihrer Bewohner standen wie geschriebene Zeilen vor meinen Augen. Ich blieb ehrfurchtsvoll neben der Nymphe stehen, las die Geheimnisse der Menschen und suchte die Rätsel des Lebens zu deuten. Ich sah, und ich hätte gewünscht, nicht gesehen zu haben. Ich sah die Engel der Glückseligkeit mit den Teufeln des Unglücks kämpfen, und der Mensch befand sich zwischen beiden, bald zur Hoffnung, bald zur Verzweiflung neigend. Ich sah die Liebe und den Haß mit dem Herzen des Menschen spielen: Diese verhüllte seine Schuld, machte ihn trunken vom Wein der Hingabe und löste seine Zunge zum Lob und Preis, jene erregte seine Begierden, machte ihn blind für die Wahrheit und verschloß seine Ohren vor gerechter Rede. Ich sah die Stadt wie ein Straßenmädchen sich am Rockzipfel des Menschen anklammern. Dann sah ich in der Ferne die weite Wüste über den Menschen weinen.

Ich sah die Priester schlau und heuchlerisch wie Füchse und die falschen Propheten, welche die Neigungen der Seele durch Schmeicheleien überlisten. Der Mensch rief die Weisheit um ihren Beistand an, doch die Weisheit floh, verärgert darüber, daß er nicht auf sie gehört hatte, als sie ihn auf der Straße in aller Öffentlichkeit gerufen hatte. Ich sah die Mönche ihre Augen vielmals zum Himmel erheben, während ihre Herzen in den Gräbern der Begierde weilten. Ich hörte Jugendliche munter über die Liebe reden, während sie sich ihr in sorgloser Hoffnung näherten, doch ihre Göttlichkeit ist weit entrückt, und ihre Gefühle schlafen. Ich sah die Gesetzgeber Handel treiben mit wortreichem Gerede auf dem Markt des Betrugs und der Heuchelei; und die Mediziner sah ich das Vertrauen der Unwissenden ausnutzen. Ich sah den Ignoranten neben dem Weisen sitzen; wie er seine Vergangenheit auf den Thron der Erde hebt, seine Gegenwart sorgfältig bettet und seiner Zukunft ein komfortables Lager bereitet. Ich sah die Armen säen, während die Reichen ernteten und aßen. Die Ungerechtigkeit stand daneben, und die Menschen hielten sie für das Gesetz.

Ich sah den Dieb der Nacht den Tresor der Vernunft stehlen, während die Wächter des Lichts daneben schliefen. Ich sah die Frau als Laute in der Hand eines Mannes, der nicht auf ihr zu spielen versteht, und die Töne, die er ihr entlockt, mißfallen ihm. Ich sah Phalangisten die Stadt der Edlen belagern, und ich sah Bataillone im Rückzug, weil sie zu klein sind und nicht zusammenhalten. Ich sah die Freiheit einsam durch die Straßen gehen und an den Türen um Einlaß bitten, doch die Menschen verweigerten ihr den Eintritt. Dann sah ich die Selbstsucht in großer Prozession durch die Straßen schreiten, die Menschen folgten ihr und priesen sie als Freiheit.

Ich sah die Religion in Büchern begraben, und die Illussion nahm ihren Platz ein. Ich sah den Menschen die Geduld als Feigheit beschimpfen, die Ausdauer als Unentschlossenheit und die Freundlichkeit als Furcht.

Ich sah, wie der Ungeladene während des Banketts Reden hielt, der geladene Gast hingegen schwieg. Ich sah Reichtum in den Händen des Verschwenders als Netz für seine Bosheit und in den Händen des Geizigen als Rechtfertigung seines Menschenhasses.

Doch in den Händen des Weisen sah ich kein Geld.

Als ich das alles gesehen hatte, rief ich enttäuscht:

«Ist das wirklich die Erde, Tochter der Götter? Und ist das der Mensch?»

Sie entgegnete ruhig:

«Das ist der Weg der Seele, bedeckt mit Dornen und Kletten. Und das ist der Schatten des Menschen. Es ist die Nacht, und der Morgen wird kommen.»

Dann legte sie ihre Hände auf meine Augen; als sie sie wieder wegnahm, sah ich mich und meine Jugend, wie wir langsam auf dem Feld spazierten. Und die Hoffnung ging vor mir her. *Khalil Gibran, Eine Träne und ein Lächeln*

Träume ordnen

Was ist nun der Traum? Der Traum ist ein Produkt der unbewußten seelischen Tätigkeit während des Schlafes. In diesem Zustand ist die Seele unserer bewußten Willkür in hohem Maße entzogen. Wir können mit dem kleinen Rest von Bewußtsein, das uns im Traumzustand noch übriggeblieben ist, nur noch wahrnehmen, was sich ereignet; wir sind aber nicht mehr in der Lage, nach Wunsch und Absicht den Ablauf der psychischen Ereignisse zu lenken, und so sind wir auch der Möglichkeit beraubt, uns zu täuschen. Der Traum ist ein auf der unabhängigen Tätigkeit des Unbewußten beruhender automatischer Vorgang, der unserer Willkür ebenso entzogen ist wie zum Beispiel der physiologische Vorgang der Verdauung.

Wir haben es daher mit einem absolut objektiven psychischen Vorgang zu tun, aus dessen Natur wir objektive Schlüsse auf den wirklich vorhandenen psychischen Zustand ziehen können.

All dies zugegeben, werden Sie sagen, aber wie in aller Welt sollte es möglich sein, aus dem zufälligen und konfusen Wirrwarr der Traumvorstellungen einen zuverlässigen Schluß ziehen zu können?

Darauf muß ich zunächst antworten, daß der Traum nur scheinbar konfus und zufällig ist. Bei näherem Zusehen entdecken wir einen auffälligen inneren Zusammenhang der Traumbilder, nicht nur untereinander, sondern auch mit den Inhalten des wachen Bewußtseins. Zu dieser Entdeckung kam man durch eine relativ einfache Prozedur, die folgendermaßen vor sich geht: Man teilt den Traumtext in seine einzelnen Sätze oder Bilder und sammelt nun sorgfältig alle freien Einfälle zu jedem Stück des Traumes. Durch diese Arbeit nehmen wir nun bald einen höchst intimen Zusammenhang wahr zwischen den Traumbildern und den Dingen, die uns im Wachsein innerlich beschäftigen, allerdings ohne daß es uns zunächst klar wird, wie dieser Zusammenhang zu verstehen ist.

Wir haben durch das Sammeln der Einfälle erst den vorbereitenden Teil der Traumanalyse geleistet, allerdings einen sehr wichtigen Teil: Wir gewinnen dadurch den sogenannten *Kontext* des Traumbildes, der uns all die mannigfaltigen Beziehungen des Traumes zu den Inhalten des Bewußtseins aufdeckt und uns zeigt, wie der Traum aufs innigste mit allen Tendenzen der Persönlichkeit verwoben ist.

Wenn wir dermaßen alle Seiten des Traumes abgeleuchtet haben, so können wir an den zweiten Teil unserer Aufgabe herantreten, nämlich an die *Deutung* des vorliegenden Materials. Wie überall in der Wissenschaft müssen wir auch hier möglichst vorurteilsfrei verfahren. Wir müssen sozusagen das Material sprechen lassen. In sehr vielen Fällen genügt schon der Anblick des Traumbildes und des gesammelten Materials, um uns die Bedeutung des Traumes wenigstens ahnen zu lassen.   *C. G. Jung, Ges. Werke 17, 72 f.*

Die Erleuchtung der Seele

Selbst der gläubige Christ kennt Gottes verborgene Wege nicht und muß es ihm anheimstellen, ob er von außen oder von innen durch die Seele auf den Menschen wirken will. So darf der Gläubige die Tatsache nicht bestreiten, daß es «somnia a Deo missa» (von Gott gesandte Träume) und Erleuchtungen seiner Seele gibt, welche auf keine äußeren Ursachen zurückgeführt werden können. Es wäre Blasphemie, zu behaupten, daß Gott sich überall offenbaren könne, nur gerade nicht in der menschlichen Seele. *C. G. Jung, Grundwerk 5, 16*

Traum und Bewußtsein

Aus all diesen Gründen mache ich es zur heuristischen Regel, mir bei jedem Traumdeutungsversuch die Frage vorzulegen: Welche bewußte Einstellung wird durch den Traum kompensiert? Damit setze ich, wie ersichtlich, den Traum in engste Beziehung zur Bewußtseinslage, ja, ich muß sogar behaupten, daß ein Traum ohne Kenntnis der bewußten Situation überhaupt nie auch nur mit annähernder Sicherheit gedeutet werden kann. Nur aus der Kenntnis der Bewußtseinslage heraus ist es möglich, auszumachen, welches Vorzeichen den unbewußten Inhalten zu geben ist. Der Traum ist ja kein isoliertes, vom Tagleben und dessen Charakter völlig abgeschnittenes Ereignis. Erscheint er uns so, so ist das nichts als unser Nichtverstehen, eine subjektive Illusion. In Wirklichkeit besteht zwischen dem Bewußtsein und dem Traum strengste Kausalität und ein aufs feinste abgewogenes Beziehungsverhältnis.

Ich möchte diese wichtige Prozedur der Bewertung unbewußter Inhalte an einem Beispiel erläutern. Ein junger Mann brachte mir folgenden Traum: «*Mein Vater fährt in seinem neuen Wagen von zu Hause fort. Er fährt sehr ungeschickt, und ich rege mich über seine anscheinende Dummheit auf. Der Vater fährt nun kreuz und quer und rückwärts, wodurch er den Wagen in eine gefährliche Lage bringt, und schließlich rennt er in eine Mauer hinein, wobei der Wagen*

38

*schwer beschädigt wird. Ich rufe ihm in hellstem Zorne nach, er
solle sich doch vernünftig benehmen. Da lacht mein Vater, und
ich sehe, daß er total betrunken ist.»*
Dem Traum liegt kein wirkliches Ereignis dieser Art zugrunde. Der Träumer ist sicher, daß sein Vater, auch wenn er betrunken wäre, sich niemals so benehmen würde. Er selber ist Automobilist, sehr sorgfältig, in Alcoholicis durchaus mäßig, besonders wenn er fährt; er kann sich in hohem Maße über ungeschicktes Fahren und kleine Beschädigungen am Wagen aufregen. Das Verhältnis zu seinem Vater ist positiv. Er bewundert ihn, weil er ein ungewöhnlich erfolgreicher Mann sei. Ohne weitere Deutekunststücke kann man sagen, daß der Traum ein für den Vater äußerst ungünstiges Bild entwirft.

In welchem Sinne also werden wir die Frage nach der Bedeutung dieses Traumes für den Sohn zu beantworten haben? Ist sein Verhältnis zum Vater nur scheinbar gut und besteht es in Wirklichkeit aus überkompensierten Widerständen? In diesem Falle müßte man dem Trauminhalt ein positives Vorzeichen geben, d. h., man müßte sagen: «Das ist Ihr wirkliches Verhältnis zu Ihrem Vater.» Da im wirklichen Verhältnis des Sohnes zum Vater nichts neurotisch Zweideutiges auffindbar ist, so wäre es ungerechtfertigt, das Gefühl des jungen Mannes mit einer solchen vernichtenden Denkweise zu beschweren.

Ist sein Verhältnis zum Vater aber tatsächlich ein gutes, warum muß der Traum dann künstlich eine so unwahrscheinliche Geschichte erfinden? Es muß im Unbewußten des Träumers eine Tendenz vorhanden sein, einen solchen Traum zu produzieren. Ist das so, weil er doch Widerstände hat, vielleicht aus Neid oder sonstigen minderwertigen Motiven? Bevor wir sein Gewissen beschweren, was bei

empfindsamen jungen Leuten sowieso eine etwas gefährliche Sache ist, wollen wir lieber einmal fragen – nicht
warum, sondern *wozu* hat er einen solchen Traum?

Die Antwort in diesem Falle würde lauten: Sein Unbewußtes will offenkundig den Vater heruntersetzen. Nehmen wir
diese Tendenz als kompensatorische Tatsache, so sind wir zu
dem Schluß gedrängt, daß sein Verhältnis zum Vater nicht
nur gut, sondern sogar zu gut ist. Er ist nun in der Tat, was
die Franzosen fils à papa nennen. Der Vater ist noch zu viel
Garantie seines Lebens, und der Träumer lebt noch zu sehr
das, was ich *provisorisches* Leben nenne. Es ist sogar eine besondere Gefahr, daß er vor lauter Vater seine eigene Wirklichkeit nicht sieht, weshalb das Unbewußte zu einer künst-
lichen Blasphemie greift, um den Vater herunter- und damit
den Träumer heraufzusetzen. Gewiß, eine unmoralische
Kompensation! Ein uneinsichtiger Vater würde sich dagegen
wohl verwahren, aber sie ist überaus zweckmäßig denn sie
drängt den Sohn in einen Gegensatz zum Vater, ohne welchen er nie zur Bewußtheit seiner selbst gelangen könnte.

Letztere Deutung war die richtige und schlug dementspre-
chend ein, d. h. sie erreichte das spontane Einverständnis des
Träumers, und kein wirklich vorhandener Wert ward dabei
gekränkt, weder beim Vater noch beim Sohn. Diese Deutung war aber nur möglich durch eine sorgfältige Ableuch-
tung der ganzen bewußten Phänomenologie des Vater-
Sohn-Verhältnisses. Ohne Kenntnis der bewußten Lage
wäre der wirkliche Traumsinn in suspenso geblieben.

C. G. Jung, Grundwerk 1, 114 ff.

Königin der Phantasie

Als ich die Ruinen von Palmyra erreichte, war ich von der langen Reise so erschöpft, daß ich mich ins Gras legte, das zwischen den Säulen und Pfeilern wuchs. Die Zeit hatte sie entwurzelt und zu Boden geworfen, als ob ein Krieg hier gewütet hätte. Ich betrachtete ehrfürchtig die Pracht, wenngleich sie zerstört war und zu der blühenden Umgebung im Widerspruch stand.

Als die Nacht angebrochen war und die Kreaturen sich unter dem Mantel des Schweigens versammelt hatten, merkte ich, daß die Luft von etwas erfüllt war, das nach Weihrauch duftete und wie Wein berauschte. Ich trank davon und spürte verborgene Hände mit meinen Sinnen spielen; meine Augenlider wurden schwer, und mein Geist befreite sich von seinen Fesseln.

Dann dehnte sich die Erde, und das Firmament zitterte. Von magischer Macht getrieben, sprang ich vorwärts und fand mich in einem Garten wieder, den sich kein menschliches Wesen vorstellen kann. Ich war umgeben von Jungfrauen, die mit nichts anderem bekleidet waren als mit ihrer Schönheit. Während sie an meiner Seite schritten, war es, als ob ihre Füße das Gras nicht berührten. Die Melodien, die sie sangen, waren gewebt aus Träumen von der Liebe; dabei spielten sie auf ihren Gitarren aus Ebenholz mit goldenen Saiten. Als ich zu einer Lichtung gelangte, stand in der Mitte ein Thron, der mit kostbaren Steinen besetzt war. Von oben fiel ein Licht in den Farben des Regenbogens auf ihn herab. Zu beiden Seiten des Thrones standen Jungfrauen und sangen lauter als zuvor. Alle blickten in eine Richtung, der ein Duft von Myrrhe und Weihrauch entströmte. In diesem Augenblick erschien aus den blühenden Zweigen eine Königin, die langsam auf den Thron zuschritt und darauf Platz nahm. Eine Schar von Tauben – weiß wie der Schnee – flog vom Himmel herab und bildete einen Halbmond zu Füßen der Königin.

Währenddessen priesen die Jungfrauen sie in ihren Liedern, und der Weihrauch stieg ihr zu Ehren in Säulen auf. Ich stand da und schaute gespannt auf das, was kein Menschenauge gesehen und kein menschliches Ohr gehört hat.

Da gab die Königin mit ihrer Hand ein Zeichen, und jede Bewegung erstarrte. Und mit einer Stimme, die meine Seele erzittern ließ – wie die Saiten einer Laute unter der Hand ihres Spielers –, sagte sie:

«Ich, die Herrin der Phantasie, habe dich, o Mensch, an diesen Platz gerufen. Ich erweise dir die Gunst, vor der Königin über den Wäldern der Träume zu stehen. Hör meine Empfehlungen und verkünde sie aller Welt:

Sag ihnen, daß die Stadt der Phantasie eine Hochzeit ist; ihre Tore werden von einem Riesen bewacht, der niemanden einläßt, der kein Hochzeitsgewand trägt.

Sie ist ein Paradies, dessen Wächter der Engel der Liebe ist; niemand kann sie betreten, der nicht auf seiner Stirn das Zeichen der Liebe trägt. Sie ist ein Feld blühender Vorstellungen, und ihre Flüsse sind wie guter Wein; ihre Vögel schweben gleich Engeln, und ihre Blumen duften betörend. Nur die Kinder der Träume gelangen auf dieses Feld.

Sag den Menschen, daß ich ihnen einen Kelch der Freude angeboten habe, doch sie gossen ihn in ihrer Unwissenheit aus. Dann kam der Engel der Finsternis und füllte ihn mit Kummer. Sie tranken ihn und waren betrunken.

Sag ihnen, daß niemand die Gitarre des Lebens spielen kann, als derjenige, dessen Fingerspitzen meinen Gürtel berührten und dessen Augen meinen Thron sahen.

Isaias verfaßte Verse der Weisheit – gleich Perlen auf dem Halsband der Liebsten. Johannes berichtete von seiner Vision in meiner Sprache. Dante betrat die fruchtbaren Weiden des Geistes unter meiner Führung. Ich bin ein Symbol, das die Wirklichkeit berührt, eine Wahrheit, welche die Einheit des Geistes sichtbar macht, und ein Zeuge der Werke der Götter.

Sag den Menschen, daß das Denken eine Heimat hat in einer Welt jenseits der sichtbaren Welt, deren Himmel nicht verhüllt ist von den Wolken der Freude. Sag ihnen, daß die Visionen im Himmel der Götter Form annehmen und sich in der Seele widerspiegeln, damit sie ihre Hoffnung auf das lenken, was nach der Befreiung vom Leben in dieser Welt weiterleben wird.»

Und nachdem die Königin der Phantasie mich an sich gezogen und meine brennenden Lippen geküßt hatte, sprach sie: «Sag allen, daß derjenige, der die Tage seines Lebens nicht auf der Bühne der Träume verbringt, ein Sklave der Zeit sein wird.»

In diesem Augenblick wurden die Stimmen der Jungfrauen wieder lauter; Weihrauchsäulen stiegen auf und verhüllten alles. Dann dehnte sich die Erde, und das Firmament zitterte, und ich fand mich wieder inmitten der Ruinen von Palmyra. Das Morgenrot lächelte, und auf meiner Zunge waren die Worte:

«Wer die Tage seines Lebens nicht auf der Bühne der Träume verbringt, wird ein Sklave der Zeit sein.»

Khalil Gibran, Eine Träne und ein Lächeln

Zwischen Nacht und Morgen

Schweig, mein Herz, denn der Weltraum kann dich nicht hören!

Schweig, denn der Äther ist erfüllt von Klagen und Seufzern und hat kein Ohr für deine Gesänge und Hymnen!

Schweig, denn die Phantome der Nacht hören nicht auf das Geflüster deiner Geheimnisse, und der Reigen der Dunkelheit hält nicht an vor deinen Träumen!

Schweig, mein Herz, schweig bis zum Morgen, denn wer geduldig den Morgen erwartet, wird ihm begegnen. Und wer das Licht liebt, den wird das Licht lieben.

Schweig, mein Herz, und hör auf meine Worte!

Im Traum sah ich eine Amsel, die auf dem Krater eines tätigen Vulkans saß und sang. Ich sah eine Lilie ihren Kopf aus dem Schnee erheben. Eine nackte Paradiesjungfrau sah ich zwischen Gräbern tanzen, und ein Kind sah ich mit Totenschädeln spielen und dabei lachen.

All diese Bilder sah ich im Traum, und als ich erwachte und nach allen Seiten blickte, sah ich den tätigen Vulkan, aber ich hörte keine Amsel singen. Ich sah den Schnee auf die Felder fallen und unter seiner dicken, weißen Decke die leblosen Körper der Lilien begraben. Ich sah Reihen von Gräbern im Schweigen der Ewigkeit, doch niemand tanzte oder kniete betend davor. Und ich sah einen Hügel aus Totenschädeln, aber niemand lachte dort – es sei denn der Wind.

Beim Erwachen empfand ich Trauer. Wohin waren die Freuden des Traumes verflogen? Wo verbarg sich das Glück des Schlafes, und wie hatten sich seine Bilder aufgelöst? Wie soll sich die Seele in Geduld üben, bis der Schlaf ihr wieder die Bilder ihrer Wünsche und Hoffnungen zuträgt?

Hör zu, mein Herz, und vernimm meine Geschichte:

Gestern noch war meine Seele ein kräftiger, alter Baum, dessen Wurzeln tief in die Erde reichten und dessen Zweige sich in die Weite der Unendlichkeit ausstreckten. Im Frühling stand meine Seele in Blüten, und im Sommer trug sie Früchte. Als der Herbst kam, sammelte ich ihre Früchte in silberne Schalen und stellte sie am Straßenrand auf. Die Vorübergehenden nahmen davon, aßen die Früchte und gingen zufrieden weiter.

Als der Herbst vorbei war und die Jubellieder sich in Totenklagen verwandelten, verblieb in meinen Schalen eine einzige Frucht, welche die Leute für mich übriggelassen hatten. Ich nahm sie und aß sie. Ich fand sie bitter wie eine Koloquinte und sauer wie unreife Früchte. Da sagte ich zu mir: Wehe mir, denn ich habe in den Mund der Menschen einen Fluch gelegt und Bitterkeit in ihr Inneres! Was hast du, meine Seele, mit der Süßigkeit gemacht, die deine Wurzeln aus den Eingeweiden der Erde sogen, und mit den Düften, die deine Zweige im Sonnenlicht tranken?

Dann habe ich den alten, kräftigen Baum meiner Seele entwurzelt. Ich riß ihn samt seinen Wurzeln aus dem Erdboden, in dem er aufgewachsen war. Ich riß ihn aus seiner Vergangenheit heraus und raubte ihm seine Erinnerung an tausend Lenze und tausend Herbste.

Und ich pflanzte den Baum meiner Seele in einen anderen Boden. Ich pflanzte ihn in ein Feld, das weit entfernt lag von den Wegen der Zeit. Ich wachte an seiner Seite und sagte mir:

Wachen bedeutet, den Sternen nahe zu sein.

Ich begoß ihn mit meinem Blut und meinen Tränen und sagte mir: Im Blut ist Atem und in den Tränen Süßigkeit.

Und als der Frühling wiederkehrte, blühte meine Seele ein zweites Mal. Im Sommer trug sie wieder Früchte.

Und als der Herbst nahte, sammelte ich die Früchte auf goldene Schalen, die ich am Straßenrand aufstellte. Die Leute kamen einzeln und in Gruppen vorüber, doch keiner streckte die Hand aus, um von den Früchten zu essen.

Da nahm ich eine Frucht und probierte sie. Ich fand sie süß wie Honig, erfrischend wie das Wasser des Paradiesflusses, köstlich wie Wein aus Babylon und duftend wie Jasmin. Da sagte ich zu mir:

Wahrlich, die Menschen wollen keinen Segen in ihrem Mund keine Wahrheit in ihrem Herzen, denn der Segen ist ein Sohn der Tränen und die Wahrheit eine Tochter des Blutes!

Ich ging weg und setzte mich in den Schatten des Baumes meiner Seele, der einsam auf einem Feld steht, weit entfernt von den Wegen der Zeit.

Khalil Gibran, Die Stürme

Es wurde mir auch Trost zuteil

Es wurde mir auch der Trost zuteil, daß ich mich meiner Fesseln ledig fühlte, als hätte ich Flügel empfangen; als wäre ich endlich aus mir selber geboren worden und schritte an der Seite jenes Erzengels, den ich so sehr gesucht hatte; als hätte ich meine alte Hülle abgestreift und so eine erstaunliche Jugend in mir entdeckt. Und diese Jugend äußerte sich nicht in Begeisterung oder Verlangen, sondern in einer ungewöhnlichen Heiterkeit. Es war eine Jugend, die der Ewigkeit *zu*gekehrt war, nicht eine, die in der Morgenröte den Wirren des Lebens *entgegen*strebte. Sie gehörte dem Raum und der Zeit an. Es schien mir, daß ich in die Ewigkeit eintrat, daß sich mein Werden vollendet hatte.

A. de Saint-Exupéry, Die Stadt in der Wüste

Traum und Symbole

Wenn wir noch unter mittelalterlichen Gegebenheiten lebten, wo es wenig Zweifel über die letzten Dinge gab und wo jede Weltgeschichte mit der Genesis begann, könnten wir Träume und dergleichen leicht beiseite schieben. Leider leben wir unter modernen Verhältnissen, wo alle letzten Dinge zweifelhaft sind, wo es eine Prähistorie von ungeheurem Ausmaß gibt und wo die Leute sich der Tatsache voll bewußt sind, daß, wenn es überhaupt eine numinose Erfahrung gibt, es die Erfahrung der Psyche ist. Wir können uns nicht länger ein Empyreum vorstellen, das Gottes Thron umkreist, und wir würden nicht im Traum daran denken, Gott irgendwo hinter dem Milchstraßensystem zu suchen. Aber es scheint uns, als ob die menschliche Seele Geheimnisse beherberge, insofern als für den Empiriker alle religiöse Erfahrung in einem besonderen seelischen Zustand besteht. Wenn wir etwas darüber wissen wollen, was religiöse Erfahrung denen bedeutet, die sie haben, so haben wir heutzutage alle Gelegenheit, jede erdenkliche Form davon zu studieren. Und wenn sie überhaupt eine Bedeutung hat, so bedeutet sie denen, die sie haben, alles. Das ist jedenfalls der unvermeidliche Schluß, zu dem man beim sorgfältigen Studium der Beweisstücke gelangt. Man könnte sogar die religiöse Erfahrung definieren als diejenige Erfahrung, welche durch die höchste Wertschätzung charakterisiert ist, ganz abgesehen davon, was ihre Inhalte sind. Die moderne Geisteshaltung, die unter dem Verdikt «extra ecclesiam nulla salus» steht, wird sich an die Seele wenden, als an eine letzte Hoffnung. Wo sonst könnte man Erfahrung erlangen? Die Antwort wird mehr oder weniger von der Art sein, die ich beschrieben habe. Die Stimme der Natur wird antworten, und alle diejenigen, denen das geistige Problem des Menschen ein Anliegen bedeutet, werden mit neuen verwirrenden Problemen konfrontiert sein. Durch die geistige Not meiner Patienten bin ich gezwungen worden, den ernsthaften Versuch zu machen, wenigstens einige der vom Unbewußten erzeugten Symbole zu verstehen. Da es viel zu weit führen würde, auf eine Auseinandersetzung sowohl der intellektuellen als der ethischen Konsequenzen einzugehen, muß ich mich hier mit einem bloßen Hinweis begnügen.

C. G. Jung, Grundwerk 4, 66

Nicht Vorrat, sondern Verheißung

Ich aber gehe auf den Garten zu. Er übergibt dem Wind die Spur eines Schiffes, das liebliche Zitronen geladen hat, oder einer Karawane, die nach Mandarinen unterwegs ist, oder auch der Insel, die es zu gewinnen gilt und die das Meer mit ihrem Duft erfüllt.
Nicht einen Vorrat, sondern eine Verheißung habe ich empfangen. Es ist mit dem Garten wie mit der Kolonie, deren Eroberung noch bevorsteht, oder der Frau, die du noch nicht besessen hast, die aber in den Armen schon nachgibt. Der Garten bietet sich mir an. Hinter der kleinen Mauer ist er ein Vaterland von Mandarinen und Zitronen, wo mein Weg sein Ziel finden wird. Es bleibt aber nichts beständig, weder der Duft der Zitronen noch der Duft der Mandarinen und auch nicht das Lächeln. Für mich, der ich das weiß, bewahrt alles seinen Sinn. Ich warte auf die Stunde des Gartens oder die Stunde der Frau.
Jene Menschen aber wissen nicht zu warten und werden kein

Gedicht verstehen, denn feindlich ist ihnen die Zeit, die das Verlangen stillt, die Blume kleidet oder die Frucht reifen läßt. Sie suchen ihre Freude in den Dingen, während sie sich doch nur aus dem Wege ergibt, der sich aus diesen ablesen läßt. Ich gehe und gehe und gehe. Und wenn ich den Garten erreicht habe, der für mich ein Vaterland der Düfte ist, setze ich mich auf die Bank nieder. Ich blicke um mich. Es gibt Blätter, die davonfliegen, und Blumen, die welken. Ich spüre alles, was stirbt und sich wieder zusammenfügt. Ich empfinde keine Trauer deswegen. Ich bin ganz Wachsamkeit, wie auf hoher See. Nicht Geduld, denn es handelt sich nicht um ein Ziel; der Weg ist es, der die Freude gebiert. Wir, mein Garten und ich, wandern von den Blättern zu den Früchten. Und über die Früchte zu den Samen. Und über die Samen zu den Blüten vom nächsten Jahr. Ich täusche mich nicht über die Dinge. Sie dienen immer nur der Anbetung. Ich berühre die Werkzeuge, deren sich das Zeremoniell bedient, und finde, daß sie die Farbe des Gebetes tragen. Doch die Menschen, die die Zeit mißachten, stoßen sich daran. Selbst das Kind wird ihnen zu einem Gegenstand, den sie nicht in seiner Vollkommenheit begreifen, denn es ist Weg für einen Gott, der sich nicht aufhalten läßt. Sie möchten es in seiner kindlichen Anmut festbannen, als ob es Vorräte gäbe. Aber wenn ich einem Kind begegne, sehe ich, wie es ein Lächeln versucht, wie es errötet und fliehen möchte. Ich weiß, was es quält. Und ich lege meine Hand auf seine Stirn, um das Meer zu beruhigen. *A. de Saint-Exupéry, Die Stadt in der Wüste*

Der Stoff, aus dem die Träume sind

Die Schlafwandler

In meiner Heimatstadt lebte eine Frau mit ihrer Tochter. Beide wandelten im Schlaf.

Eines Nachts, als alle Welt schwieg, trafen sich Mutter und Tochter schlafwandelnd in ihrem nebelverhangenen Garten. Und die Mutter sprach und sagte:

«Endlich habe ich dich, Feindin! Du warst es, die meine Jugend zerstörte, und auf den Ruinen meines Lebens bist du groß geworden. Ich möchte dich töten!»

Und die Tochter erwiderte und sagte:

«Verhaßtes Weib, selbstsüchtige Alte. Immer noch stehst du meiner Freiheit im Weg. Mein Leben soll wohl immer nur ein Echo deines Lebens sein. Ach, wärest du doch tot!»

In diesem Augenblick krähte der Hahn, und beide Frauen erwachten. Voller Sanftmut fragte die Mutter: «Bist du es, mein Herz?», und die Tochter antwortete sanftmütig: «Ja, liebe Mutter.» *Khalil Gibran, Der Narr*

Träumer und Geträumtes

Ich erinnere mich an zwei lehrreiche Fälle: Der eine träumte von einem betrunkenen Vagabunden, der im Straßengraben lag, der andere von einer betrunkenen Prostituierten, die sich in der Gosse wälzte. Ersterer war ein Theologe, letztere eine distinguierte Dame der Gesellschaft, beide empört und entsetzt und durchaus nicht gewillt, zuzugeben, daß man von und aus sich selber träume. Ich gab beiden den wohlwollenden Rat, sich ein Stündchen Selbstbesinnung zu gönnen und fleißig und mit Andacht zu betrachten, wo und inwiefern sie beide nicht viel besser seien als der betrunkene Bruder im Straßengraben und die Schwester Prostituierte in der Gosse.

Mit einem solchen Kanonenschuß beginnt oft der subtile Prozeß der Selbsterkenntnis. Der «andere», von dem wir träumen, ist nicht unser Freund und Nachbar, sondern *der andere in uns,* von dem wir vorzugsweise sagen: «Herr, ich danke dir, daß ich nicht so bin wie dieser da.»

Gewiß hat der Traum, dieses Naturkind, keine moralisierende Absicht, er stellt bloß das allbekannte Gesetz dar, nach welchem keine Bäume in den Himmel wachsen.

Wenn wir uns dabei noch vergegenwärtigen, daß im Unbewußten all das im Übermaß vorhanden ist, was im Bewußten fehlt, daß das Unbewußte mithin eine kompensatorische Tendenz hat, dann kann man bereits Schlüsse ziehen, vorausgesetzt, daß der Traum aus nicht allzu großen seelischen Tiefen stammt. Handelt es sich aber um einen Traum letzterer Art, so enthält er in der Regel das, was man als *mythologische Motive* bezeichnet, das heißt Vorstellungsverbindungen oder Bilder, wie man sie in der Mythologie des eigenen und fremder Völker antrifft. In diesem Falle enthält der Traum einen sogenannten *Kollektivsinn*, das heißt einen Sinn, der allgemein menschlich ist.

C. G. Jung, Ges. Werke 10, 175 f.

Das Ich und die Seele

Der Traum ist die kleine verborgene Tür im Innersten und Intimsten der Seele, welche sich in jene kosmische Urnacht öffnet, die Seele war, als es noch längst kein Ichbewußtsein gab, und welche Seele sein wird, weit über das hinaus, was ein Ichbewußtsein je wird erreichen können. Denn alles Ichbewußtsein ist vereinzelt, erkennt einzelnes, indem es trennt und unterscheidet, und gesehen wird nur, was sich auf dieses Ich beziehen kann. Das Ichbewußtsein besteht aus lauter Einschränkungen, auch wenn es an die fernsten Sternnebel reicht. Alles Bewußtsein trennt; im Traum aber treten wir in den tieferen, allgemeineren, wahreren, ewigeren Menschen ein, der noch im Dämmer der anfänglichen Nacht steht, wo er noch das Ganze und das Ganze in ihm war, in der unterschiedslosen, aller Ichhaftigkeit baren Natur.

Aus dieser allverbindenden Tiefe stammt der Traum, und sei er noch so kindisch, noch so grotesk, noch so unmoralisch. Er ist von einer blumenhaften Unbefangenheit und Wahrhaftigkeit, die unsere autobiographische Lügenhaftigkeit erröten macht. *C. G. Jung, Ges. Werke 10, 168*

Der Archetyp als Traumsymbol

Ein Dogma ist immer das Resultat und die Frucht von vielen Geistern und vielen Jahrhunderten. Es ist gereinigt von allem Bizarren, von allem Unzulänglichen und Störenden der individuellen Erfahrung. Aber trotz alledem ist die individuelle Erfahrung, gerade in ihrer Armseligkeit, unmittelbares Leben, sie ist das warme rote Blut, das heute pulsiert.

Sie ist für einen Wahrheitssucher überzeugender als die beste Tradition. Unmittelbares Leben aber ist immer individuell, denn das Individuum ist der Lebensträger. Was immer vom Individuum ausgeht, ist in gewisser Weise einmalig, darum vorübergehend und unvollkommen; besonders dann, wenn es sich um spontane seelische Produkte wie Träume und dergleichen handelt. Kein anderer wird dieselben Träume haben, obwohl manch einer dasselbe Problem hat. Aber ebenso, wie es kein Individuum gibt, das zu einem Zustand von absoluter Einzigartigkeit differenziert ist, gibt es auch keine individuellen Schöpfungen von absolut einzigartiger Qualität. Sogar Träume sind zu einem sehr hohen Grade aus kollektivem Material gemacht, ebenso wie in der Mythologie und im Folklore verschiedener Völker gewisse Motive sich in fast identischer Form wiederholen. Ich habe diese Motive *Archetypen* genannt und verstehe darunter Formen oder Bilder kollektiver Natur, welche ungefähr auf der ganzen Erde als Konstituenten der Mythen und gleichzeitig als autochthone, individuelle Produkte unbewußten Ursprungs vorkommen. Die archetypischen Motive stammen wahrscheinlich aus jenen Prägungen des menschlichen Geistes, die nicht nur durch Tradition und Migration, sondern auch durch Vererbung überliefert werden. Die letztere Hypothese ist unerläßlich, da sogar komplizierte archetypische Bilder ohne jede Möglichkeit direkter Tradition spontan reproduziert werden können. *C. G. Jung, Grundwerk 4, 57*

Die Äußerungen der Seele

Ich gehe einen Schritt weiter und betrachte auch die Aussagen der Heiligen Schrift als Äußerungen der Seele, auf die Gefahr hin, des Psychologismus verdächtigt zu werden. Wenn schon die Aussagen des *Bewußtseins* Täuschungen, Lügen und sonstige Willkürlichkeiten sein können, so ist dies mit den Aussagen der *Seele* keineswegs der Fall: Sie gehen zunächst immer über unseren Kopf hinweg, indem sie auf bewußtseinstranszendente Wirklichkeiten verweisen. Diese *entia* sind die Archetypen des kollektiven Unbewußten, welche Vorstellungskomplexe in der Art mythologischer Motive verursachen. Vorstellungen dieser Art werden nicht erfunden, sondern treten z. B. in Träumen als fertige Gebilde in die innere Wahrnehmung. Es sind spontane Phänomene, die unserer Willkür entzogen sind, und man ist daher berechtigt, ihnen eine gewisse Autonomie zuzuschreiben. Sie sind deshalb nicht nur als Objekte zu betrachten, sondern auch als eigengesetzliche Subjekte. Man kann sie natürlich vom Standpunkt des Bewußtseins aus als Objekte beschreiben und bis zu einem Grade auch erklären, wie man einen lebenden Menschen in demselben Maße beschreiben und erklären kann. Man muß dabei allerdings von ihrer Autonomie absehen. Zieht man letztere aber in Betracht, so müssen sie notgedrungenerweise als Subjekte gehandhabt werden, d. h. es muß ihnen Spontaneität und Absichtlichkeit bzw. eine Art von Bewußtsein und von liberum arbitrium, von freiem Willen, zuerkannt werden. Man beobachtet ihr Verhalten und berücksichtigt ihre Aussagen. Dieser doppelte Standpunkt, den man jedem relativ selbständigen Organismus gegenüber einnehmen muß, ergibt natürlich ein doppeltes Resultat, einesteils einen Bericht darüber, was ich mit dem Objekt tue, andererseits darüber, was es (eventuell auch mit mir) tut. Es ist klar, daß diese nicht zu umgehende Doppelheit im Kopfe meines Lesers zunächst einige Verwirrung stiften wird und dies in besonderem Maße, da wir es im folgenden mit dem Archetypus der Gottheit zu tun haben werden.

Sollte sich jemand versucht fühlen, zu den Gottesbildern unserer Anschauung ein «nur» zu setzen, so käme er in Widerstreit mit der Erfahrung, welche die außerordentliche Numinosität dieser Bilder über allen Zweifel hinaus dartut. Die außerordentliche Wirksamkeit (= Mana) derselben ist sogar derart, daß man nicht bloß das Gefühl hat, damit auf das *Ens realissimum* hinzudeuten, sondern vielmehr überzeugt ist, dasselbe auch auszusprechen und sozusagen zu setzen. Dadurch wird die Diskussion ungemein erschwert, wenn nicht unmöglich. Man kann sich ja in der Tat die Wirklichkeit Gottes nicht anders vor Augen führen als unter Benützung meist spontan entstandener oder durch Tradition geheiligter Bilder, deren psychische Natur und Wirkung der naive Verstand noch nie von deren unerkennbarer metaphysischer Grundlage getrennt hat. Er setzt ohne weiteres das wirkungskräftige Bild in eins mit dem transzendentalen X, auf welches es hinweist. Die scheinbare Berechtigung dieses Vorgehens leuchtet unmittelbar ein und kommt als Problem nicht in Betracht, solange keine ernstlichen Einwände gegen die Aussage erhoben werden. Liegt aber ein Anlaß zur Kritik vor, dann muß man sich daran erinnern, daß Bild und Aussage psychische Vorgänge und von ihrem transzendentalen Gegenstand verschieden sind; sie setzen ihn nicht, sondern deuten ihn bloß an. Im Bereich psychischer Vorgänge ist aber Kritik und Auseinandersetzung nicht nur gestattet, sondern sogar unumgänglich. *C. G. Jung, Grundwerke 4, 204 f.*

57

Die Tiefe der Seele – Von Jesus

Gestern war ich allein auf dieser Welt, Geliebte, und die Einsamkeit war grausamer als der Tod. Ich war verlassen wie eine Blume, die im Schatten hoher Felsen aufwächst; weder wußte das Leben etwas von mir, noch wußte ich etwas vom Leben.

Heute erwachte meine Seele, als ich dich neben mir sah. Ich war verwirrt und erfreut. Dann fiel ich vor dir nieder wie der Hirte, als er den brennenden Dornbusch erblickte.

Gestern war die Berührung des Windes rauh, die Strahlen der Sonne waren schwach, und Nebel verhüllte das Gesicht der Erde; das Rauschen der Meereswellen glich grollendem Donner.

Ich blickte in alle Himmelsrichtungen und sah nichts außer meinem leidenden Selbst; da senkten sich die Schatten der Dunkelheit auf mich herab wie hungrige Raben …

Heute aber ist die Luft leicht und heiter, die Natur ist in Licht gebadet, die Wellen des Meeres haben sich beruhigt, und die dunklen Wolken sind zerstreut. Wo immer ich hinschaue, sehe ich dich und die Geheimnisse des Lebens, die dich umgeben wie die Kreise, die ein Vogel auf der Oberfläche des Wassers verursacht, wenn er darin badet.

Gestern war ich ein stummes Wort im Herzen der Nacht; heute bin ich ein fröhliches Lied auf den Lippen des Tages. Die Wandlung vollzog sich in einer einzigen Minute durch einen Blick, ein Wort, einen Seufzer, einen Kuß … Diese Minute, Geliebte, verband in meiner Seele das Vergangene mit dem Zukünftigen. Sie war wie eine weiße Rose, die aus dem Schoß der dunklen Erde ans Tageslicht kommt. Diese Minute ist für mein Leben das, was die Geburt Jesu für das Leben von Generationen bedeutet; sie war erfüllt vom Geist, von der Reinheit und der Liebe. Sie verwandelte die Finsternis meiner Seele in Licht, die Traurigkeit in Freude, das Unglück in Glück. Die Flammen der Liebe fallen in unterschiedlichen Gestalten und Formen auf die Erde, Geliebte, doch ihre Wirkung ist die gleiche: Die kleine Flamme, die ein einzelnes menschliches Herz erleuchtet, ist aus dem gleichen Feuer wie die große, leuchtende Flamme, die vom Himmel hinabsteigt, um die Finsternis aller Nationen zu erhellen. Denn in jeder einzelnen Seele gibt es Elemente, Neigungen und Gefühle, die sich von denjenigen der ganzen menschlichen Familie nicht unterscheiden.

Die Juden erwarten die Ankunft eines Messias, der ihnen von Beginn der Schöpfung an versprochen wurde, um sie aus der Sklaverei der Nationen zu erretten.

In Griechenland mußte man feststellen, daß die Verehrung Jupiters und Minervas in starkem Maße nachgelassen hatte und daß der geistliche Hunger der Menschen nicht mehr zu stillen war.

Und in Rom war man zu der Erkenntnis gelangt, daß die Gottheit Apollons sich weit entfernt hatte vom menschlichen Fühlen und daß die zeitlose Schönheit der Venus einer vergangenen Zeit angehörte.

Ja, alle Nationen spürten – ohne den Grund dafür zu kennen – einen geistlichen Hunger nach Lehren, welche das Materielle überschreiten; sie sehnten sich nach einer geistigen Freiheit, die den Menschen lehrt, sich zusammen mit seinem Nachbarn zu freuen am Licht der Sonne und der Schönheit des Lebens. Denn es ist die Freiheit, die es dem Menschen erlaubt, sich ohne Furcht der unsichtbaren Macht zu nähern in der Überzeugung, daß diese das Glück des Menschen im Auge hat.

All das geschah vor 2000 Jahren, meine Liebe, als die Sehnsucht des menschlichen Herzens sich über alle sichtbaren Dinge erhob – trotz der Furcht, sich dem universellen, unsterblichen Geist zu nähern, denn Pan, der Gott der Wälder, erfüllte die Seelen mit Angst, und Baal, der Gott der Sonne, unterdrückte die Herzen der Armen und Schwachen durch die Hände seiner Priester.

Doch in einer einzigen Nacht, ja in einer einzigen Stunde, sogar in einem einzigen Augenblick – der aus der Geschichte herausragt, da er stärker ist als sie – öffneten sich die Lippen des Geistes, und sie sprachen das Wort des Lebens, das von Anbeginn an im Geist war.

Und es fiel herab mit dem Licht der Sterne und den Strahlen des Mondes, es nahm Fleisch an und wurde ein Kind in den Armen einer Frau an einem abgelegenen Ort, wo Hirten ihre Schafe hüteten vor den Gefahren der Nacht.

Dieses Kind, das auf trockenem Stroh in einer Futterkrippe schlief, ist ein König; sein Thron sind die Herzen, die vom Joch der Knechtschaft niedergeschlagen und erdrückt sind, Seelen, die sich nach dem Geist sehnen, und Denken, das nach Weisheit dürstet …

Dieser Säugling, der in den Kleidern seiner armen Mutter eingewickelt ist, hat durch seine Menschenfreundlichkeit dem Jupiter das Szepter der Macht aus der Hand genommen und es dem armen Hirten anvertraut, der auf der Erde zwischen seinen Schafen liegt. Durch seine Sanftmut nahm er die Weisheit von Minerva und legte sie in den Mund des einfachen Fischers, der am Ufer des Sees in seinem Boot saß. Die Seligkeit des Apollon schenkte er den Menschen mit gebrochenen Herzen, die am Wege stehen, um zu betteln. Und die Schönheit der Venus ließ er im Geist der Frau wohnen, die sich vor der Härte ihrer Verfolger fürchtet. Er war es, der Baal von seinem Thron absetzte und auf seinem Platz den

Sämann einsetzte, der im Schweiße seines Angesichts seine
Saat auf die Felder aussät.

*

Waren meine Gefühle gestern nicht die der Stämme Israels?
Wartete ich nicht im Schweigen der Nacht auf die Ankunft
eines Erlösers, der mich aus der Knechtschaft der Tage be-
freit. Verspürte ich nicht – wie jene Nationen der Vergangenheit – den tiefen geistlichen Hunger? Lief ich nicht auf
den Wegen des Lebens wie ein Kind, das sich in fremder
Umgebung verirrt hat? Und war meine Seele nicht wie ein
Samenkorn, das auf steinigen Felsen gefallen war? Weder
wurde es von einem Vogel aufgepickt, damit es stürbe, noch
nahm es die Erde auf, damit es lebte.

Das war gestern, Geliebte, als meine Träume die Dunkelheit
suchten, weil sie sich vor dem Licht fürchteten – und als Verzweiflung und Verdruß mich heimsuchten.

Doch in einer einzigen Nacht, ja einer einzigen Stunde,
sogar in einem einzigen Augenblick wandte ich mich ab von
den vergangenen Jahren meines Lebens, weil dieser Moment
schöner war als diese Jahre. Aus hohem Lichtkreis fiel der
Geist auf mich herab; er sah mich an mit deinen Augen und
sprach zu mir mit deinen Lippen. In diesem Blick und diesem Wort erschien mir die Liebe und senkte sich in mein
gebrochenes Herz.

Eine mächtige Liebe ist es, die in der Krippe meines Herzens
liegt, eine schöne Liebe, eingewickelt in die Windeln meiner
Gefühle. Dieser süße Säugling verwandelte die Sorgen meines Herzens in Freude, meine Verzweiflung in Hoffnung
und meine Einsamkeit in Glückseligkeit.

Dieser König auf dem Thron der Seelen brachte mit seiner
Stimme meine toten Tage zum Leben; er berührte meine ge-
blendeten Augen und gab ihnen das Licht zurück, und auf

dem Abgrund meiner Verzweiflung ließ er die Hoffnung wachsen.

*

Mein vergangenes Leben war eine lange Nacht, Geliebte, dann erschien die Morgenröte, und bald wird der Tag anbrechen, denn der Atem des Jesuskindes hat sich mit der Brise vermischt und erfüllt die Atmosphäre. Mein Leben war Trauer, die sich in Freude verwandelt hat. Von nun an wird mein Leben Glückseligkeit sein, denn die Arme des Jesuskindes halten mein Herz umfangen.

Khalil Gibran, Eine Träne und ein Lächeln

Verloren war der Stern der Hirten

Immer steht mir das Bild meines ersten Nachtfluges in Argentinien vor Augen. Es war eine pechschwarze Nacht. Doch in diesem Nichts leuchteten verschwommen wie Sterne die Lichter der Menschen in der Ebene.
Ein jeder Stern besagte, daß man mitten in der Nacht dort unten nachdachte, las, vertrauliche Gespräche weiterführte. Ein jeder Stern kündete wie ein Leuchtfeuer die Gegenwart eines menschlichen Bewußtseins. In jenem dort meditierten sie vielleicht über das Glück der Menschen, über die Gerechtigkeit, über den Frieden. Verloren in dieser Sternenherde war der Stern der Hirten. Hier nahm man vielleicht Verbindung auf mit den Gestirnen, mühte sich ab, den Andromedanebel zu berechnen. Anderswo liebte man. Überall brannten diese Feuer auf den Feldern, und auch die bescheidensten verlangten nach Nahrung; das Feuer des Dichters, des Lehrers, des Zimmermanns.

Doch wie viele Fenster waren geschlossen inmitten dieser lebenden Sterne, wie viele Sterne waren erloschen, wie viele Menschen in Schlaf gesunken, wie viele Feuer spendeten nicht mehr ihr Licht, da sie nicht gespeist worden waren. ... Die Häuser, in denen man wacht, verleihen einem Land seinen Sinn. *A. de Saint-Exupéry, Frieden oder Krieg?*

Der Zauber der Erinnerung

Ich war verloren in der Wüste und furchtbar bedroht, nackt zwischen Sand und Sternen, fern von meinem Leben einem Übermaß von Stille ausgeliefert... Keine Stimme war zu hören, keine Gestalt zu sehen, und doch fühlte ich, daß etwas bei mir war, eine nahe und schon fast erkannte Freundschaft. Plötzlich wußte ich, was es war, und gab mich mit geschlossenen Augen dem Zauber meiner Erinnerungen hin.

Da war ein Park, irgendwo, ein geliebter Park mit schwarzen Tannen und lichten Linden, und dabei stand ein Haus. Es war auf einmal ganz gleichgültig, daß alles dies so weit von mir entfernt war und mich nicht wärmen und nicht schützen konnte.

Es war ja nur ein Traum.

Es genügte, daß es dieses Haus gab, um meine Nacht mit seiner Gegenwart zu erfüllen. Ich war nicht mehr Strandgut auf wilder Küste, ich hatte ein Heim, ich war Kind im Vaterhause, mich umwehte die Erinnerung an seinen Geruch, an die Kühle in seinen Räumen, an die Stimmen, die es belebt hatten. Selbst das Froschgequake in den Teichen glaubte ich zu hören. Aber dieser Zeichen hatte es bedurft, damit ich erkannte, wieviel mir hier in der Wüste fehlte. Ich ahnte ihr Wesen und den Sinn dieser Stille, dieses tausendfachen Schweigens, in dem selbst die Frösche verstummten.

Nun war ich nicht mehr allein mit Sand und Sternen.

A. de Saint-Exupéry, Wind, Sand und Sterne

Nur wer träumt, verändert die Welt

Das Bild der neuen Welt

Was ist der große Traum? Er besteht aus den vielen kleinen Träumen und den vielen Akten der Demut und Unterwerfung unter ihre Andeutungen. Er ist *die Zukunft und das Bild der neuen Welt,* die wir noch nicht verstehen.

C. G. Jung, Briefe III, 337

Die Wüste lebt

Doch was sehe ich? Ein Hoffnungshauch geht über mich wie ein Windstoß über das Meer. Etwas hat mein triebhaftes Erkennen getroffen, noch ehe es mir bewußt geworden ist. Nichts hat sich verändert, und doch ist alles anders. Das Bahrtuch des Sandes, diese flachen Hügel mit Ahnungen von Pflanzenwuchs sind nicht mehr eine tote Landschaft. Sie sind eine Bühne, zwar noch leer, aber für das Schauspiel bereit. Ich sehe Prévot an; auch er hat staunend den gleichen Schlag erhalten, ohne ihn deutlich zu verstehen.
Gleich muß etwas geschehen, sage ich euch.
Die Wüste lebt, sage ich euch. Diese Leere, dies Schweigen sind bewegter als ein Volksgedränge auf offenem Markt.
Rettung – Spuren im Sand!
Eben noch waren wir abgeschnitten vom Menschenge-

schlecht, mit unserer Art zerfallen, allein auf der Welt, vergessen bei einer allgemeinen Abwanderung. Und da finden wir im Sand abgedrückt die wunderbaren Füße von Menschen.

«Prévot, hier haben zwei sich verabschiedet.»

«Hier hat ein Kamel gekniet.»

«Hier ...»

Wir sind noch gar nicht gerettet. Wir können ja nicht einfach warten, denn schon in wenigen Stunden kommt jede Hilfe zu spät. Der Durst wirkt zu verheerend, sobald der Husten beginnt. Und unsere Kehlen ...

Nein, ich glaube an diese Karawane, die irgendwo durch die Wüste schwankt.

Wir haben uns zum Gehen gezwungen, und plötzlich höre ich den Hahn krähen. Guillaumet hatte mir seinerzeit auch erzählt: ‹Gegen Ende hörte ich in meinen Anden die Hähne. Ich hörte auch die Eisenbahn.› Das fällt mir im Augenblick ein, und ich sage mir: ‹Erst täuschen einen die Augen. Das macht der Durst. Die Ohren haben länger gehalten.›

Aber Prévot faßt mich am Arm: «Hören Sie!»

«Was denn?»

«Den Hahn!» Ja aber – ja aber ...

Ja aber, das hieße Leben – du Dummkopf!

Noch eine Täuschung sucht mich heim. Ich sehe drei Hunde herumjagen. Prévot sieht hin und kann nichts wahrnehmen. Aber nun strecken wir beide Arme dem Beduinen entgegen, beide holen wir den letzten Atem aus unserer Brust, und beide lachen wir vor Glück. Aber unsere Stimmen tragen keine dreißig Meter mehr. Die Stimmbänder sind vertrocknet. Wir hatten miteinander nur noch geflüstert und das nicht einmal bemerkt.

Der Beduine und sein Kamel, die hinter dem Hügel hervorgekommen sind, wollen sich entfernen. Langsam, langsam ziehen sie weiter. Vielleicht ist er allein! Vielleicht hat ein grausamer Teufel uns diesen Menschen gezeigt, um ihn uns wieder zu nehmen.

Und wir können nicht mehr rennen!

Da erscheint ein anderer Araber auf der Düne, mit der linken Seite uns zugewandt. Wir schreien – aber ganz leise. Wir schwenken die Arme und füllen nach unserer Meinung den Himmel mit riesigen Signalen. Aber der Beduine sieht immer nach rechts.

Jetzt aber, ganz langsam, macht er eine Viertelwendung links. Sobald er das Gesicht uns zugewendet hat, ist es auch schon geschehen: Durst, Tod und Luftspiegelungen sind verwischt in dem Augenblick, in dem er uns erblickt. Eine kleine Viertelwendung verwandelt unsere Welt. Eine Bewegung des Körpers, ein rascher Blick schaffen Leben, und er scheint mir nicht von dieser Welt.

Ein Wunder! Ein Wunder! Er kommt auf uns zu wie ein Gott über das Meer!

Er hat uns ins Gesicht gesehen, hat uns die Hände auf die Schultern gelegt, und wir haben ihm gehorcht und uns hingelegt. Hier gibt es keine Rasse, keine Sprache, keine Partei. Ein armer Wanderhirte hat Engelshände auf unsere Schultern gelegt.

Wir haben auf seine Rückkehr gewartet, die Stirn in den Sand gepreßt. Und nun trinken wir, auf dem Bauche liegend, den Kopf im Becken wie die Kälber.

Der Beduine erschrickt und zwingt uns alle Augenblicke einzuhalten. Aber kaum läßt er uns frei, so tauchen wir auch schon das ganze Gesicht ins Wasser. Wasser!

Wasser, du hast weder Geschmack noch Farbe noch Aroma. Man kann dich nicht beschreiben. Man schmeckt dich, ohne dich zu kennen. Es ist nicht so, daß man dich zum Leben braucht: Du selber bist das Leben! Du durchdringst uns als Labsal, dessen Köstlichkeit keiner unserer Sinne auszudrücken fähig ist. Durch dich kehren uns alle Kräfte zurück, die wir schon verloren gaben. Dank deiner Segnung fließen in uns wieder alle bereits versiegten Quellen der Seele. Du bist der köstlichste Besitz dieser Erde. Du bist auch der empfindsamste, der rein dem Leib der Erde entquillt. Vor einer Quelle magnesiumhaltigen Wassers kann man verdursten. An einem Salzsee kann man verschmachten. Und trotz zwei Liter Tauwasser kann man zugrunde gehen, wenn sie bestimmte Salze enthalten.

Du nimmst nicht jede Mischung an, duldest nicht jede Veränderung. Du bist eine leicht gekränkte Gottheit!

Aber du schenkst uns ein unbeschreiblich einfaches und großes Glück.

Du aber, unser Retter, Beduine aus Libyen, du wirst mir aus dem Gedächtnis schwinden! Deines Gesichtes kann ich mich nicht entsinnen. Du bist der Mensch und erschienst mir mit dem Antlitz aller Menschen!

Du hattest uns nie zuvor gesehen und hast uns doch erkannt! Du bist mein geliebter Bruder, und ich werde dich in allen Menschen wiedererkennen!

Du erscheinst mir voll Adel und Leutseligkeit, ein großmächtiger Herr, in dessen Macht es stand, Wasser zu reichen. Alle meine Freunde, alle meine Feinde kommen mir in deiner Person entgegen, und ich habe keinen einzigen Feind mehr auf der Welt. *A. de Saint-Exupéry, Wind, Sand und Sterne*

Liebe – Rebellion – Freiheit

Als die Nacht anbrach und der Schlaf seinen Mantel über die Erde warf, verließ ich mein Lager und lief zum Meer. Ich sagte mir: «Das Meer schläft auch nicht, und im Wachen des Meeres findet der Schlaflose Trost.»

Als ich das Meer erreichte, hatte sich der Nebel von den Bergen auf die Küste gesenkt und bedeckte sie wie ein Schleier das Gesicht einer jungen, schönen Frau. Ich blieb stehen, beobachtete die Wellen und lauschte ihrem Choral. Ich dachte an die ewige Kraft, die sich dahinter verbirgt – die Kraft, die im Sturm dahineilt, im Vulkan aufbraust, im Mund der Rosen lächelt und mit den Bächen singt.

Nach einer Weile drehte ich mich um; da sah ich drei Geister auf einem nahen Felsen sitzen. Die Schleier des Nebels verhüllten sie teilweise. Ich näherte mich ihnen willenlos, so als ginge von ihnen eine magnetische Kraft aus. Ein paar Schritte von ihnen entfernt blieb ich wie gebannt stehen.

Da erhob sich einer der Geister und sagte mit einer Stimme, die aus der Tiefe des Meeres zu kommen schien:

«Das Leben ohne Liebe ist wie ein Baum ohne Blüten und Früchte. Die Liebe ohne Schönheit ist wie Blumen ohne Duft. Leben, Liebe und Schönheit sind drei Wesen in einem einzigen, die weder ausgetauscht noch voneinander getrennt werden können.» Nach diesen Worten setzte die Erscheinung sich wieder auf ihren Platz.

Der zweite Geist erhob sich und sagte mit einer Stimme, die dem Rauschen eines Wasserfalls glich:

«Das Leben ohne Rebellion gleicht den Jahreszeiten ohne Frühling. Die Rebellion ohne Recht ist wie ein Frühling in trockener und unfruchtbarer Wüste. Leben, Rebellion und Recht sind drei Wesen in einem einzigen, die weder ausgetauscht noch voneinander getrennt werden können.»

Schließlich erhob sich der dritte Geist und sagte mit einer Stimme, die dem Dröhnen des Donners nahe kam: «Leben ohne Freiheit ist wie ein Körper ohne Seele. Freiheit ohne Denken aber ist wie ein verwirrter Geist. Leben, Freiheit und Denken sind ein einziges Wesen, dessen Elemente weder austauschbar noch trennbar sind.»

Dann erhoben sich alle drei Phantome und sagten mit furchteinflößenden Stimmen: «Die Liebe und was sie gebiert, die Rebellion und was sie hervorbringt, die Freiheit und was sie wachsen läßt, sind drei Aspekte Gottes. Und Gott ist das Gewissen der vernünftigen Welt.»

Danach herrschte Schweigen, das erfüllt war vom Vibrieren unsichtbarer Flügel und vom Beben ätherischer Körper. Ich schloß meine Augen und lauschte dem Echo der Worte, die ich vernommen hatte. Und als ich sie wieder öffnete, sah ich nichts als das Meer – bedeckt von einem Mantel aus Nebel. Ich näherte mich dem Felsen, auf dem die drei Geister gesessen hatten, und ich sah nichts als eine Wolke aus Weihrauch, die zum Himmel aufstieg. *Khalil Gibran, Die Stürme*

Die Sehnsucht wecken

Allein das Absolute zählt, das aus dem Glauben, der Inbrunst oder der Sehnsucht hervorgeht. Denn es gibt nur eine Vorwärtsbewegung des Schiffes, aber jeder wirkt dabei mit, der einen Meißel schärft, die Planken des Verdecks mit schaumigem Wasser wäscht, auf den Mast klettert oder die Beschläge ölt.

Diese Unordnung aber beunruhigt euch, denn ihr meint, die Menschen würden an Kraft gewinnen, wenn sie sich alle die gleichen Gebärden zu eigen machten und am gleichen Strange zögen. Aber ich antworte: Wenn es sich um den Menschen handelt, vermagst du das Prinzip, das ihn beherrscht, nicht aus den sichtbaren Spuren zu ersehen. Man muß sich aufschwingen, um es zu entdecken. Und du machst es auch meinem Bildhauer nicht zum Vorwurf, wenn er zwar bis zum Äußersten vereinfacht, um zum Wesentlichen vorzudringen und es zu erfassen, jedoch eine Vielfalt von Zeichen verwendet, wie Lippen, Augen, Runzeln und Haare. Denn er bedarf des Gefüges, damit er seine Beute wie mit einem Netz einfangen kann. Und wenn du nicht kurzsichtig bist und deine Nase allzu dicht daraufdrückst, wird mit Hilfe dieses Netzes eine bestimmte Schwermut auf dich übergehen und dein Werden verändern. Ebenso darfst du es aber auch mir nicht zum Vorwurf machen, wenn mir eine solche Unordnung in meinem Reiche keine Sorge bereitet. Denn wenn dich die Betrachtung der Mannschaften verwirrt, die auf verschiedene Weise an ihren Tauen ziehen, mußt du nur ein wenig zurücktreten, um diese menschliche Gemeinschaft, diesen Knoten eines Stammes, der verschiedene Zweige treibt, diese Einheit, die ich vor allem erstrebe und die den Sinn meines Reiches ausmacht, gewahr zu werden. Und dann wirst du nur noch ein Schiff sehen, das auf dem Meere fährt.

Wenn ich hingegen meinen Leuten die Liebe zur Seefahrt mitteile und so ein jeder den Drang dazu in sich verspürt, weil ihn ein Gewicht im Herzen zum Meere zieht, so wirst du bald sehen, wie sie sich verschiedene Tätigkeiten suchen, die ihren tausend besonderen Eigenschaften entsprechen. Der eine wird Segel weben, der andere im Walde den Baum mit dem Blitzstrahl seiner Axt fällen. Wieder ein anderer wird Nägel schmieden, und irgendwo wird es Männer geben, die die Sterne beobachten, um das Steuern zu erlernen. Und doch werden sie alle eine Einheit bilden. Denn ein Schiff erschaffen, heißt nicht die Segel hissen, die Nägel schmieden, die Sterne lesen, sondern die Freude am Meere wachrufen – die ein und dieselbe ist –, und wo sie herrscht, gibt es keine Gegensätze mehr, sondern nur Gemeinsamkeit in der Liebe. Wenn ich am Werke mitwirke, begegne ich daher stets meinen Feinden mit offenen Armen, damit sie mich wachen lassen, denn ich weiß, daß es eine Ebene gibt, auf der mir der Kampf als Liebe erschiene.

Ich brauche das Schiff nicht in seinen Einzelheiten vorauszusehen, wenn ich es erschaffe. Denn ich kann nichts erfassen, was der Mühe wert wäre, wenn ich ganz allein die Pläne für das Schiff in seiner Vielfalt entwerfe. Alles wird sich verändern, wenn es ans Licht tritt, und ich überlasse es den anderen, sich mit diesen Erfindungen zu beschäftigen. Ich brauche nicht jeden Nagel des Schiffes zu kennen. Ich muß aber den Menschen den Drang zum Meere vermitteln.

A. de Saint-Exupéry, Die Stadt in der Wüste

Die Stadt der Vergangenheit

Das Leben stand mit mir am Fuße des Berges der Jugend und zeigte auf das, was hinter uns lag. Ich schaute zurück und erblickte eine merkwürdige Stadt im Herzen der Ebene, in der Phantome aus bunten Dämpfen wirbelten, von einem Schleier feinen Nebels verhüllt.

Ich fragte: «Was ist das, o Leben?»

«Das ist die Stadt der Vergangenheit. Schau sie dir gut an!»

Ich betrachtete sie aufmerksam und sah folgendes:

Werkstätten, die sich wie Riesen unter den Flügeln des Schlafes ducken ...

Heiligtümer der Worte, umkreist von Seelen, die vor Verzweiflung schreien oder vor Freude singen ...

Tempel der Religionen, erbaut von der Zuversicht und vom Zweifel zerstört ...

Minarette des Denkens, die in den Himmel ragen wie ausgestreckte Hände, die um Almosen bitten ...

Straßen des Begehrens, die Flüssen gleich durch die Täler fließen ...

Schatzkammern der Geheimnisse, gehütet von der Verschwiegenheit und geplündert von der Neugier ...

Türme des Fortschritts, die der Mut erbaute und die Furcht abriß ...

Paläste der Träume, in den Nächten erbaut und vom Erwachen verwüstet ...

Hütten der Bescheidenheit, welche die Schwachheit bewohnt ...

Nischen der Einsamkeit, wo die Selbstverleugnung zu Hause ist ...

Treffpunkte des Wissens, von der Erkenntnis beleuchtet und vom Unwissen verdunkelt ...

Weinschenken der Liebe, in denen sich Verliebte berauschen, während die Nüchternen sie verspotten …
Bühnen, auf denen das Leben seine Stücke spielt; dann kommt der Tod und beendet die Tragödien …
Diese Stadt der Vergangenheit erschien mir fern und nah zugleich, ebenso sichtbar wie unsichtbar.
Und das Leben sagte zu mir, während es weiterging:
«Folge mir! Wir verweilten lange.»
Ich fragte: «Wohin, o Leben?»
«Zur Stadt der Zukunft!»
Ich sagte: «Hab Erbarmen mit mir! Der Weg erschöpfte meine Kräfte, und die Steine verwundeten meine Füße.»
«Komm!» entgegnete das Leben, «nur der Unwissende blickt zurück zur Stadt der Vergangenheit.»

Khalil Gibran, Eine Träne und ein Lächeln

Die bezaubernde Fee

Wohin führst du mich, bezaubernde Fee?
Bis wann soll ich dir auf diesem unwegsamen Pfad folgen, der sich zwischen Felsen dahinschlängelt, unsere Schritte nach oben führend und unsere Seelen in die Tiefe lenkend?
Ich hielt mich fest an deiner Schleppe und folgte dir wie ein Kind seiner Mutter. Ich versuchte, meine Träume zu vergessen, indem ich gebannt auf deine Schönheit blickte. Ich stellte mich blind gegenüber dem Reigen der Geister, die um meinen Kopf kreisten, angezogen von der Kraft deines Körpers.
Halt eine Weile inne, damit ich dein Gesicht sehe! Schau mich an, vielleicht entdecke ich in deinen Augen die Ge-

heimnisse deiner Seele und erkenne in deinen Gesichtszügen, was dein Herz verbirgt.

Halt ein wenig an, bezaubernde Fee! Das Laufen hat mich ermüdet, und ich zittere noch am ganzen Leib angesichts der Gefahren des Weges. Halt an, denn wir haben schon den Abschnitt des Weges erreicht, wo der Tod das Leben umfängt. Ich gehe keinen Schritt weiter, bevor du mir nicht deine Absichten verrätst und mir anvertraust, was sich in deinem Herzen verbirgt.

Hör zu, bezaubernde Fee! Gestern war ich noch ein freier Vogel, der am Firmament schwebte und Flüsse und Bäche auf ihrem Weg begleitete; ich setzte mich auf einen Zweig und betrachtete die Schlösser und Tempel in der Stadt der Wolken, deren Farben beim Abendrot leuchteten und beim Sonnenuntergang verlöschten. Ich war wie ein Gedanke, der sich einsam von Osten zum Westen der Erde fortbewegte, erfreut über die Schönheiten und Gaben des Lebens und auf der Suche nach den Geheimnissen des Daseins.

Ich war wie ein Traum, der unter den Flügeln der Nacht dahinglitt. Durch Fensterspalten drang ich in die Stuben schlafender Jungfrauen ein und spielte mit ihren Wünschen, dann begab ich mich ans Lager der Jünglinge und entfachte ihre Gefühle, und am Lager der Greise brachte ich ihre Gedanken ans Licht.

Heute aber, nachdem ich dich getroffen habe, bezaubernde Fee, und nachdem ich mich beim Küssen deiner Hand vergiftet habe, heute bin ich wie ein Gefangener, der seine Ketten hinter sich herzieht zu einem Ziel, das ich nicht kenne. Ich gleiche einem Betrunkenen, der immer mehr verlangt von dem Wein, der mich meines Willens beraubt hat, und ich küsse die Hand, die mich geohrfeigt hat.

Halt eine Weile inne, bezaubernde Fee, denn allmählich kehrt meine Kraft zurück. Ich habe die Ketten zerrissen, die meine Füße verletzten und das Glas zerbrachen, aus dem ich das süße Gift getrunken habe. Was hast du mit mir vor, welchen Weg sollen wir einschlagen?

Ich habe meine Freiheit wiedergefunden. Akzeptierst du mich als freien Begleiter, der mit offenen Augen in die Sonne blickt und mit Fingern, die nicht zittern, das Feuer berührt?

Ich habe meine Flügel wieder entfaltet. Bist du bereit, einen Jüngling zu begleiten, der die Tage damit zubringt, sich im Gebirge wie ein Adler emporzuschwingen und die Nächte wie ein Löwe schlummernd in der Wüste zu verbringen?

Begnügst du dich mit der Liebe eines Mannes, dem Liebe Vertrauen bedeutet und nicht Beherrschung?

Genügt dir die Zuwendung eines Herzens, das liebt, ohne sich zu unterwerfen, und das brennt, ohne sich zu verzehren?

Kannst du Gefallen finden an der Liebe einer Seele, die vor dem Sturm zittert, aber nicht zerbricht, und die mit dem Orkan rebelliert, aber sich nicht entwurzeln läßt?

Bist du einverstanden mit einem Begleiter, der niemanden unterjocht und sich nicht unterjochen läßt?

Dann nimm diese Hand in deine schöne Hand, umarme meinen Körper mit deinen sanften Armen und küsse meinen Mund in einem langen, stummen Kuß!

Khalil Gibran, Die Stürme

Ein persischer Philosoph

Ich kann weder das Schicksal dieses Mannes voraussehen, noch kann ich voraussagen, was Seinen Jüngern widerfahren wird.

Ein im Herzen eines Apfels verstecktes Samenkorn ist ein unsichtbarer Obstgarten. Doch wenn dieses Korn auf felsigen Boden fällt, wird nichts daraus hervorgehen.

Aber das muß ich sagen, der Gott Israels ist streng und unbarmherzig. Israel braucht einen anderen Gott, der gütig und nachsichtig ist, einen Gott, der voller Erbarmen auf die Menschen herabsieht, der mit den Strahlen der Sonne hinabsteigt und die Menschen auf ihren Wegen begleitet, statt ständig auf dem Richterstuhl zu sitzen, ihre Fehler zu wiegen und ihre Vergehen zu messen.

Israel sollte einen Gott hervorbringen, dessen Herz nicht eifersüchtig wacht und dessen Erinnerung an die Schwächen der Menschen kurz ist, einen Gott, der sich nicht an ihnen rächt bis zum dritten und vierten Geschlecht.

Der Mensch hier in Syrien ist wie Menschen in allen Ländern: Er schaut in den Spiegel und erblickt darin seine Gottheit. Er formt sich seine Götter nach seinem Bild und betet das Spiegelbild seiner eigenen Züge an.

In Wahrheit wendet sich der Mensch im Gebet an seine tiefste Sehnsucht, damit sie sich erhebt und all seine Wünsche erfüllt. Es gibt keine andere Tiefe als die Tiefe der menschlichen Seele. Die Seele ist die Tiefe, die sich selber sucht. Und es gibt keine andere Stimme, die spricht, und keine anderen Ohren, die hören. Selbst wir in Persien sehen unsere eigenen Gesichter in der Sonnenscheibe und unsere tanzenden Körper im Feuer, das wir auf den Altären entzünden.

Und was den Gott Jesu betrifft, den Er Vater nennt, so ist Er kein Fremder für die Menschen um Jesus, und Er wird ihre Wünsche erfüllen.

Die Götter von Ägypten haben ihre Steinlasten abgeworfen und sind in die Wüsten Nubiens geflohen, um frei zu sein inmitten von Menschen, die noch frei sind vom Wissen.

Die Götter Griechenlands und Roms verlöschten in ihrem eigenen Sonnenuntergang. Sie glichen den Menschen zu sehr, um in ihrer Ekstase fortzuleben. Die Haine, in denen ihr Zauber blühte, wurden von den Äxten der Athener und Alexandriner abgeholzt.

Und auch in diesem Land werden die Hochgestellten entthront von den Rechtsgelehrten Beiruts und den jungen Eremiten Antiochiens. Nur noch alte Frauen und rückständige Greise besuchen die Tempel ihrer Vorväter. Denn die Erschöpften suchen am Ende des Weges seinen Beginn.

Doch dieser Mann Jesus, dieser Nazaräer, sprach von einem Gott, der zu unermeßlich ist, um der Seele irgendeines Menschen fremd zu sein, zu verständnisvoll, um zu strafen, und zu gütig, um sich der Sünden Seiner Geschöpfe zu erinnern. Dieser Gott des Nazaräers wird die Schwelle überschreiten zu allen Kindern der Welt. Er wird an ihrem Herd sitzen, ein Segen sein in ihren Häusern und ein Licht auf ihren Wegen.

Mein Gott aber ist der Gott Zoroasters. Er ist die Sonne am Himmel, das Feuer auf der Erde und das Licht im Herzen der Menschen. Ich bin zufrieden; ich brauche keinen anderen Gott.

Khalil Gibran, Jesus Menschensohn

Ehrfurcht vor dem Menschen

Der Wanderer, der seinen Berg in der Richtung eines Sternes überschreitet, läuft Gefahr, zu vergessen, welcher Stern ihn führt, wenn er sich zu sehr von den Fragen des Anstiegs gefangennehmen läßt. Wenn er nur noch handelt, um zu handeln, wird er nirgends hinkommen. Die Kirchenstuhlvermieterin einer Kathedrale, die sich zu eifrig mit dem Vermieten der Kirchenstühle befaßt, läuft Gefahr, zu vergessen, daß sie einem Gott dient. Wenn ich mich an irgendeine Parteileidenschaft verliere, laufe ich Gefahr, zu vergessen, daß die Politik nur dann einen Sinn hat, wenn sie im Dienst einer geistigen Gewißheit steht. Wir haben in den Stunden des Wunders eine ganz bestimmte Beschaffenheit der menschlichen Beziehungen verkostet: Da liegt für uns die Wahrheit. Wie dringlich eine Handlung auch sein mag, wir dürfen nie vergessen, daß eine innere Berufenheit sie beherrschen muß, soll sie nicht unfruchtbar bleiben. Wir wollen die Ehrfurcht vor dem Menschen begründen. Warum sollen wir uns innerhalb ein und desselben Lagers hassen? Keiner von uns besitzt das Monopol auf die Reinheit der Absichten. Ich kann im Namen meines Weges den Weg bekämpfen, den ein anderer gewählt hat. Ich kann die Schritte seines Verstandes kritisieren, das Verfahren des Verstandes ist unsicher. Aber ich muß auf der Ebene des Geistes den Mann achten, der nach dem gleichen Stern strebt.

Ehrfurcht vor dem Menschen! Ehrfurcht vor dem Menschen! ... Eine Zivilisation bildet sich zuerst im Kern. Sie ist im Menschen zuerst das blinde Verlangen nach einer gewissen Wärme. Von Irrtum zu Irrtum findet der Mensch den Weg zum Feuer.　　　*A. de Saint-Exupéry, Brief an einen Ausgelieferten*

Es gibt etwas jenseits des Sichtbaren

Denn du warst eine Fee

Genoveva – als ich diese Worte in Bernis' Brief gelesen hatte, mußte ich die Augen schließen – und da sah ich dich wieder, kleines Mädchen. Fünfzehn Jahre, und wir, wir waren dreizehn Jahre alt. Wie hättest du auch in unserer Erinnerung älter werden sollen? Du warst für uns dasselbe schmächtige Kind geblieben, und nur dies konnten wir uns vorstellen, wenn wir später von dir hörten.

Indes andere die Erwachsene zum Traualtar geleiteten, haben wir, Bernis und ich, im tiefsten Afrika ein kleines Mädchen zur Braut erwählt. Und so bist du, mit deinen fünfzehn Jahren, die jüngste der Mütter geworden. In einem Alter, in dem man die bloßen Beine beim Baumklettern wundscheuert, wolltest du schon eine richtige Wiege haben, dieses königliche Spielzeug. Und während du im Kreise der Deinen, die das Wunder nicht ahnten, das stille Leben einer jungen Frau führtest, lebtest du für uns ein Märchenleben, durch ein Zaubertor in unser Dasein eingetreten, verkleidet als Gattin, als Mutter, als Fee, wie auf Kostümfesten und Kinderbällen.

Denn du warst eine Fee. Ich weiß es noch gut. Du wohntest in einem alten Haus mit dicken Mauern. Ich sehe dich in der tiefen Fensternische stehen, auf die Ellbogen gestützt, um nach dem aufsteigenden Mond zu schauen. Ringsum in der Ebene wurden die abendlichen Geräusche laut, die Grillen ließen ihre Flügel zirpen, die Frösche quakten drauflos, und die Glocken der heimkehrenden Kühe läuteten. Der Mond stieg höher. Manchmal klang aus dem Dorf das Totengeläute und trug über die Felder hin den Heimchen und den Zikaden das Unerklärliche zu, den Tod. Und du beugtest dich weiter vor, im Herzen bewegt, doch nur für die liebenden Brautleute, denn nichts ist bedrohter als grüne Hoffnung. Aber der Mond stieg höher. Da fingen die Nachtkäuze an, einander liebend zuzurufen, und übertönten das Totenglöckchen, und die umherschweifenden Hunde sammelten sich im Kreis und heulten zum Mond hinauf. Jeder Baum, jeder Grashalm, jedes Schilfrohr war voll heimlichen Lebens. Und der Mond stieg noch immer. Du aber nahmst uns bei den Händen und wolltest, daß wir zuhören, denn das seien die Geräusche unserer Erde, die gut sind und Zuversicht geben.

Du warst so wohlbehütet von diesem Hause und, rings um das Haus, von diesem lebendigen Gewand der Erde. Allerlei Bündnisse hattest du geschlossen mit den Linden, den Eichen und mit den weidenden Herden, daß wir dich ihre Königin nannten. Dein Antlitz wurde still und stiller, wenn die abendliche Welt allmählich für die Nacht in Ordnung gebracht wurde. «Der Pächter hat das Vieh heimgeführt.» Das wußtest du, wenn in den fernen Ställen die Lichter sich entzündeten. Ein dumpfer Lärm: «Man macht die Schleuse zu.» Alles war in Ordnung. Endlich der Schnellzug, der um sieben Uhr abends herandonnerte, das Land durchraste und entschwand, um deine Welt von dem zu säubern, was unruhig und beweglich war und ungewiß, wie ein Gesicht hinter dem Fenster eines Schlafwagens. Dann war das Essen in einem Speisezimmer, das zu hoch und schlecht beleuchtet war, und da warst du uns die Königin des Abends, denn wir überwachten dich ohne Unterlaß, wie zwei Spione. Da saßest du still zwischen alten Leuten, umgeben vom Holzgetäfel des Raumes, und wenn du dich vorbeugtest, bot sich nichts als dein Haar dem Goldglanz des Lichtkegels, den die Lampenschirme freiließen, du warst vom Licht gekrönt, warst Königin. Als eine Ewige erschienst du uns, denn du warst mit allen Dingen so voll vertraut, warst ihrer sicher und sicher deiner Gedanken, deiner Zukunft, du warst Königin ...

Wir aber wollten wissen, ob es möglich sei, dich leiden zu machen, dich so fest in die Arme zu schließen, daß dir der Atem ausginge, denn wir fühlten in dir ein Menschliches schlummern und wollten es zum Leben wecken: eine Zärtlichkeit, ein Leid, und es sollte in deinen Augen aufleuchten. Da schlang Bernis die Arme um dich, deine Wangen wurden rot. Er umschlang dich fester, in deinen Augen glänzten Tränen, und es war doch kein häßlicher Zug um deine Lippen, wie bei alten Frauen, wenn sie weinen. Bernis aber sagte, daß deine Tränen aus dem Herzen kämen, das dir unversehens schwer geworden, daß sie kostbarer seien als Diamanten, und wer sie dir einst von den Lidern wegtränke, der würde unsterblich. Und er sagte auch, daß du in deinem Leib verborgen seist wie die Nixe unter dem Wasserspiegel und daß er vielerlei Zauberkünste wisse, um dich aus der Tiefe heraufzulocken, aber das sicherste Mittel sei, dich weinen zu machen. So also wußten wir dir Liebe abzulisten.

Aber wenn wir dich freigaben, lachtest du, und dieses Lachen brachte uns in Verwirrung. Du warst wie ein Vogel, der jählings davongeflogen ist, weil die Hand, die ihn festhielt, sich ein wenig gelockert hatte.

«Genoveva, lies uns Verse vor!»

Man traf dich selten lesend, und wir meinten, du wüßtest

schon alles. Nie hatten wir dich über etwas verwundert gesehen.

«Lies uns doch Verse vor!»

Da lasest du denn, und uns war das eine richtige Unterweisung, für die Welt, für das Leben, eine Unterweisung, die uns nicht vom Dichter herkam, sondern aus dem eigenen Wissen. Kummer, von Liebenden gelitten, und Tränen, von Königinnen geweint, wurden für uns große, stille Dinge. Die Menschen starben dahin an der Liebe, aber in deiner Stimme war eine solche Ruhe ...

«Genoveva, sag, kann man wirklich an der Liebe sterben?»

Da hieltest du im Lesen inne und dachtest ernsthaft nach. Ohne Zweifel suchtest du Antwort bei deinen Farnkräutern, bei deinen Grillen und Bienen, und du sagtest: «Ja, weil doch die Bienen an der Liebe sterben.» Das war also notwendig und in Ordnung.

«Genoveva, was ist das, ein Liebhaber?»

Wir wollten dich erröten machen, aber du wurdest nicht rot. Kaum berührt von dieser Frage, schautest du auf den Teichspiegel hinaus, der im Mondschein glitzerte. Da dachten wir, ein Liebhaber müsse für dich so sein wie dieser Lichtstrahl auf dem Wasser.

«Genoveva, hast du einen Liebhaber?»

Diesmal würdest du rot werden! Aber nein, du lächeltest ganz unbefangen und schütteltest den Kopf. In deinem Königreich bringt die eine Jahreszeit die Blumen, eine andere die Früchte, und wieder eine bringt die Liebe: Das Leben ist so einfach.

«Genoveva, weißt du, was wir später tun werden?» (Wir wollten dich blenden und nannten dich: schwaches Weib.) «Ja, du schwaches Weib, wir werden Eroberer sein.» Und wir erklärten dir das Leben: Der Eroberer kehrt ruhmbeladen heim und macht eine, die ihm lieb war, zu seiner Geliebten. «Dann werden wir deine Liebhaber sein. Sklavin du, lies uns Verse vor!»

Aber du mochtest nicht mehr und warfst das Buch fort. Auf einmal stand dein Leben so sicher vor dir, wie wenn ein junger Baum spürt, daß er wächst und Früchte trägt. Es war nichts anderes da als das, was notwendig war. Wir, wir waren Eroberer aus Fabelland, du aber standest fest inmitten deiner Farnkräuter, deiner Bienen und Ziegen und im Glanze deiner Sterne, du hörtest deine Frösche quaken und fandest deine Zuversicht in all diesem Leben, das um dich her aus der nächtlichen Stille wuchs und das aus dir selbst erblühte, aus dem Federn deines Schrittes bis hinauf zur Beuge deines Nackens, und es war eine Zuversicht in ein Geschick, das nicht in Worte zu fassen und dennoch so sicher war.

Aber der Mond stand schon hoch, es war Schlafenszeit, da schlossest du das Fenster, und weil nun das Mondlicht durch die Scheiben glänzte, sagten wir dir, du hättest den Himmel wie einen Glaskasten zugemacht, so daß der Mond und eine Handvoll Sterne darin gefangen wären – denn wir waren ja darauf aus, mittels aller möglichen Sinnbilder und aller erdenklichen Fallen dich hinter den Anschein der Dinge zu führen, hinab in die Tiefe der Meere, wohin die Unruhe unserer Herzen uns rief. *A. de Saint-Exupéry, Südkurier*

Aus der Tiefe meines Herzens

Aus der Tiefe meines Herzens erhob sich ein Vogel und flog himmelwärts.

Höher und höher schwang er sich empor und wurde dabei zusehends größer.

Zuerst war er so groß wie eine Schwalbe, dann wie eine Lerche, später hatte er die Größe eines Adlers, dann die einer Frühlingswolke, und schließlich füllte er den gesamten gestirnten Himmel.

Aus der Tiefe meines Herzens flog ein Vogel himmelwärts; je höher er flog, um so größer wurde er.

Doch er verließ mein Herz nicht.

O mein Glaube, mein ungebändigtes Wissen, wie kann ich mich zu deinen Höhen emporschwingen und mit dir des Menschen größeres Ich entdecken, das in den Himmel geschrieben ist?

Wie kann ich das Meer in mir in Nebel verwandeln, um auf diese Weise mit dir aufzusteigen – in unbegrenzte Räume?

Wie kann jemand, der im Tempel eingeschlossen ist, seine goldenen Türme und Kuppeln sehen?

Wie kann der Kern einer Frucht die ganze Frucht umschließen?

O mein Glaube, ich bin angekettet hinter diesen Stäben aus Silber und Ebenholz, und ich kann nicht mit dir fliegen.

Aber es ist mein Herz, aus dem du kommst und zum Himmel emporsteigst, es ist mein Herz, das dich hält. Und das soll mir genügen.

Khalil Gibran, Der Vorbote

Ich ahnte den Sinn dieser Bitte

Und dennoch durfte ich entdecken, wie reich an Träumen ich war. Sie kamen zu mir, lautlos wie das Wasser einer Quelle, so daß ich mir zuerst das Glücksgefühl nicht zu deuten wußte, das mich durchdrang. Keine Stimme war zu hören, keine Gestalt zu sehen, und doch fühlte ich, daß etwas bei mir war, eine nahe und schon fast erkannte Freundschaft. Plötzlich wußte ich, was es war, und gab mich mit geschlossenen Augen dem Zauber meiner Erinnerungen hin.

Da war ein Park, irgendwo, ein geliebter Park mit schwarzen Tannen und lichten Linden, und dabei stand ein Haus. Es war auf einmal ganz gleichgültig, daß alles dies so weit von mir entfernt war und mich nicht wärmen und nicht schützen konnte.

Es war ja nur ein Traum. Es genügte, daß es dieses Haus gab, um meine Nacht mit seiner Gegenwart zu erfüllen. Ich war nicht mehr Strandgut auf wilder Küste, ich hatte ein Heim, ich war Kind im Vaterhause, mich umwehte die Erinnerung an seinen Geruch, an die Kühle in seinen Räumen, an die Stimmen, die es belebt hatten. Selbst das Froschgequake in den Teichen glaubte ich zu hören. Aber dieser Zeichen hatte es bedurft, damit ich erkannte, wieviel mir hier in der Wüste fehlte. Ich ahnte ihr Wesen und den Sinn dieser Stille, dieses tausendfachen Schweigens, in dem selbst die Frösche verstummten.

Aber nun war ich nicht mehr allein mit Sand und Sternen. Was ich um mich sah, sprach nur noch kühl zu mir. Sogar der Blick in die Unendlichkeit, den ich zu tun vermeinte, kam gar nicht aus der augenblicklichen Umwelt, wie ich erst geglaubt hatte. Ich merkte auch, woher er kam. Ich sah die großen, schweren Schränke des Hauses wieder, die sich über Stapel schneeweißer Leinwand und eisgekühlter Vorräte schlossen. Die alte Haushälterin trabte wie eine Maus von einem zum anderen. Sie mußte die gebleichte Leinwand immer wieder nachschauen, entfalten und wieder zusammenlegen und wieder und wieder zählen. Jedesmal rief sie: «Ach je, ach je!» und «Mein Gott, wie schrecklich!», so oft sie ein Zeichen des Verschleißes bemerkte, das bedrohlich andeutete, daß das Haus mit seinen Schränken nicht ewig stehen würde. Sie trippelte hin und trippelte her, und zwischenhinein saß sie und verdarb sich die Augen an einer Lampe; denn sie mußte doch diese heiligen Altartücher ausbessern, diese unentbehrlichen Segeltücher flicken, im Dienst eines Größeren als sie war, eines Gottes oder eines großen Schiffes.   *A. de Saint-Exupéry, Wind, Sand und Sterne*

Man kann nicht mehr leben ohne Poesie

Ach, Herr General, es gibt nur ein Problem, ein einziges in der Welt. Wie kann man den Menschen eine geistige Bedeutung, eine geistige Unruhe wiedergeben; etwas auf sie herniedertauen lassen, was einem Gregorianischen Gesang gleicht! Hätte ich den Glauben, stünde es fest, daß ich, sobald diese Zeit des «notwendigen und undankbaren Job» vorüber ist, nur noch Solesmes ertragen könnte. Sehn Sie, man kann nicht mehr leben von Eisschränken, von Politik, von Bilanzen und Kreuzworträtseln. Man kann es nicht mehr. Man kann nicht mehr leben ohne Poesie, ohne Farbe, ohne Liebe. Wenn man bloß ein Dorflied aus dem 15. Jahrhundert hört, ermißt man den ganzen Abstieg. Es bleibt nur die Stimme des Propagandaroboters (verzeihen Sie). Zwei Milliarden Menschen hören nur noch auf den Roboter, verstehen nur noch den Roboter, werden eines Tages selber zu Robotern.

A. de Saint-Exupéry, Brief an einen General

Die Arbeit der Seele
entlastet den Menschen

Träume sind unverfälschte Natur

Tatsächlich sind Träume unparteiische, der Willkür des Bewußtseins entzogene, spontane Produkte der unbewußten Seele. Sie sind reine Natur und deshalb von unverfälschter, natürlicher Wahrheit, daher wie nichts anderes geeignet, uns dann eine dem menschlichen Grundwesen entsprechende Haltung wiederzugeben, wenn sich unser Bewußtsein zu weit von seiner Grundlage entfernt und in einer Unmöglichkeit festgefahren hat.   *C. G. Jung, Ges. Werke 10, 173*

Ich und der andere

Wirkliches Können hat nur der, der's kann, und wirkliches Verständnis nur der Verständige. Niemand, der sich selbst nicht kennt, kann den anderen kennen. Und in jedem von uns ist auch ein anderer, den wir nicht kennen. Er spricht zu uns durch den *Traum* und teilt uns mit, wie anders *er* uns sieht, als *wir* uns sehen. Wenn wir uns daher in einer unlösbaren Lage befinden, so kann der fremde Andere uns unter Umständen ein Licht aufstecken, welches wie nichts anderes geeignet ist, unsere Einstellung von Grund auf zu verändern, nämlich eben jene Einstellung, die uns in die schwierige Lage hineingeführt hat.   *C. G. Jung, Ges. Werke 10, 177*

Der Traum und das Leben

Kein Zweifel: Ich träume. Ich bin wieder auf dem Pennal, ein Junge von fünfzehn Jahren. Ich sitze brav über meiner Geometrieaufgabe. Ich stütze mich auf den schwarzen Arbeitstisch und hantiere eifrig, friedlich mit Zirkel, Lineal und Winkelmesser. Kameraden plaudern leise neben mir. Einer schreibt Zahlenreihen an die schwarze Wandtafel. Andere, weniger arbeitsam, spielen Bridge. Von Zeit zu Zeit vertiefe ich mich weiter in meinen Traum und werfe einen Blick zum Fenster hinaus. Ein Baum schwankt leise im Sonnenlicht. Lang schaue ich ihm zu, ich bin wenig bei der Sache ... Beglückt spüre ich die Sonne von damals, koste jenen Geruch der Kindheit, der von Pult, Kreide und Schultafel ausströmt. Mit welcher Wonne kapsele ich mich in jene wohlbehütete Kinderzeit ein! Ich weiß es nur zu gut: Mit dem Kindsein fängt es an, dem Gymnasium, den Kameraden, dann kommt der Tag, da heißt es Examina bestehen, da bekommst du dein Abgangszeugnis. Beklommenen Herzens gehst du durch eine gewisse Pforte, dahinter bist du dann auf einmal ein Mann. Dann lastet dein Schritt gewichtiger auf der Erde, du gehst schon deinen eigenen Lebensweg. Die allerersten Schritte. Schließlich versuchst du deine Waffen an richtigen Gegnern. Lineal, Winkelmaß und Zirkel, die brauchst du nun und baust dir damit eine Welt oder triumphierst mit ihnen über deine Feinde. Aus ist das Spiel!
Sonst hat ein Pennäler keine Angst, es mit dem Leben aufzunehmen. Er brennt vor Ungeduld. Qualen, Gefahren, Bitternisse des Lebens als Mann schrecken keinen Pennäler. Doch ich bin ein ganz merkwürdiger Kerl von einem Pennäler. Ich bin einer, der weiß um sein Glück und hat es gar nicht eilig, es mit dem Leben aufzunehmen.

Da geht Dutertre. Ich rufe ihn.

«Setz dich her, wir spielen uns eins ...»

Wie glücklich bin ich, wenn ich ihm sein Pique-As hole. Dutertre sitzt mir gegenüber auch auf so einem schwarzen Arbeitstisch wie meiner und läßt die Beine baumeln. Er grinst. Ich lächle stillvergnügt. Pénicot kommt dazu und legt den Arm um meine Schulter: «Na, Alter?»

Mein Gott! Wie warm wird mir dabei!

Einer von der Aufsicht – ist es auch wirklich einer?... – öffnet die Tür und ruft zwei Kameraden heraus. Sie legen Lineal und Zirkel hin, stehen auf und gehen. Wir sehen ihnen nach. Für sie ist die Schule aus. Sie werden ins Leben entlassen, werden ihr Wissen anwenden. Als Männer werden sie an ihren Gegnern das Fazit ihres Rechnens erproben. Was für eine merkwürdige Schule, einer nach dem andern verläßt sie! Ohne groß Abschied zu nehmen. Eben die beiden Kameraden haben nicht einmal zu uns hingesehen. Dabei wirbelt sie der Zufall im Leben vielleicht weiter weg als nach China. So viel weiter! Wenn das Leben die Männer nach der Schule zerstreut, sind sie dann so sicher, sich wiederzusehen? Und wir, die in der wohligen, friedlichen Wärme zurückbleiben, wir senken die Köpfe ...

«Hör doch, Dutertre, heute abend ...»

Doch dieselbe Tür öffnet sich ein zweites Mal. Ich höre wie einen Vollstreckungsbefehl:

«Hauptmann de Saint-Exupéry und Oberleutnant Dutertre zum Kommandeur!»

Aus ist die Schule. Das Leben beginnt.

A. de Saint-Exupéry, Flug nach Arras

O Nacht

Nacht der Liebenden, der Dichter und der Sänger!
Nacht der Phantome, der Geister und der Visionen!
Nacht der Sehnsucht, der Leidenschaft und der Erinnerung!
Du Mächtige, hochaufragend zwischen den Wolken der
Abenddämmerung und den Nymphen der Morgenröte,
umgürtet mit dem Schwert des Schreckens, vom Mond ge-
krönt und eingehüllt in das Gewand des Schweigens. Mit
tausend Augen blickst du in die Tiefen des Lebens, und mit
tausend Ohren lauschst du den Seufzern des Todes und des
Nichts.

Du bist die Finsternis, die uns die Gestirne des Himmels
heller sehen läßt, während der Tag ein Licht ist, das uns die
Finsternis der Erde verhüllt.

Du bist die Hoffnung, die uns mit Ehrfurcht vor der Ewigkeit erfüllt, während der Tag eine Täuschung ist, die uns wie
Blinde in eine Welt der Mengen und Maße versetzt.

Du bist die Ruhe, die durch ihr Schweigen die Geheimnisse
der in den Höhen der Atmosphäre schwebenden Geister
enthüllt, während der Tag Betriebsamkeit ist, die durch ihre
Triebkräfte die Geister erregt.

Du bist gerecht, denn du vereinst unter den Schwingen des
Schlummers die Träume der Schwachen mit den Wünschen
der Starken; du bist auch gütig, denn du schließt mit deinen
unsichtbaren Fingern die Lider der Unglücklichen und trägst
ihre Herzen in eine Welt, die weniger grausam ist als diese.

In die Falten deines dunkelblauen Kleides verströmen die
Liebenden ihre Seufzer, auf deine taubenetzten Füße ver-
gießen die Einsamen ihre Tränen. Und in deine Hand-
flächen, die nach dem Aroma der Täler duften, schluchzen
die Fremden ihr Heimweh. Du bist die Vertraute der Lie-

benden, die Begleiterin der Einsamen und die Freundin der Fremden.

Unter deiner Obhut verströmen die Dichter ihre Gefühle, auf deinen Schultern erwachen die Herzen der Propheten, und in deinen Haarflechten entfalten sich die Talente der Denker. Du bist die Eingebung der Dichter, die Inspiration der Propheten und die Anregung der Denker.

*

Jedesmal, wenn meine Seele der Menschen überdrüssig ist und meine Augenlider ermüdet sind vom Anblick der Tage, wandere ich zu den entlegenen Feldern, wo die Geister vergangener Zeiten schlafen.

Dort halte ich an vor einem finsteren Geschöpf, das sich mit tausend Füßen über Berge und Täler fortbewegt.

Ich blicke der Finsternis in die Augen, lausche dem Rascheln unsichtbarer Flügel, fühle die Berührung des Gewandes der Stille und bezwinge meine Angst vor der Finsternis.

Dann sehe ich dich, o Nacht, gewaltig und schön zwischen Himmel und Erde aufgerichtet, eingehüllt in Wolken und umgürtet mit Nebel, den Tag belächelnd, die Sonne verspottend und die Sklaven verhöhnend, die vor ihren Götzen Wache halten. Du zürnst den Königen, die auf Seide und Brokat ruhen, blickst den Dieben tadelnd ins Gesicht und behütest den Schlaf der Kinder. Du weinst über das Lächeln der Dirnen und lächelst über die Tränen der Verliebten. Mit deiner Rechten erhebst du die großmütigen Herzen, und mit deinen Füßen zertrittst du die Kleinmütigen.

Ich sehe dich, o Nacht, und du siehst mich. In deiner Angst um mich bist du mir wie ein Vater, und ich bin in meinen Träumen für dich ein Sohn. Der Vorhang der Förmlichkeit zwischen uns ist zerrissen, und die Schleier des Zweifels sind von unseren Gesichtern gefallen. Du enthüllst mir deine Absichten, und ich entdecke dir meine Wünsche und Hoffnungen. Dein Schrecken verwandelt sich in eine Melodie, die süßer ist als das Geflüster der Blumen, und meine Furcht verwandelt sich in trauliche Mitteilsamkeit, die köstlicher ist als das Gezwitscher der Vögel. Du hebst mich zu dir empor und setzt mich auf deine Schultern. Du lehrst meine Augen zu schauen, meine Ohren zu hören, meine Lippen zu sprechen, und mein Herz leitest du an zu lieben, was die Menschen hassen, und zu hassen, was die Menschen lieben.

Mit deinen Fingerspitzen berührst du meine Gedanken, und sie strömen wie Sturzbäche, die das welke Laub fortspülen. Dann berührst du mit deinen Lippen meine Seele, und sie entflammt zu einer Fackel, die alle vertrocknete Vegetation verzehrt.

Ich habe dich begleitet, o Nacht, bis ich dir ähnlich wurde, ich leistete dir Gesellschaft, bis sich meine Neigungen den deinen anglichen, und ich habe dich geliebt, bis sich meine Seele in ein Spiegelbild deines Wesens verwandelte.

Am Abend streut die Leidenschaft leuchtende Sterne in meine dunkle Seele, welche die Sorge am Morgen auslöscht, und in meinem Herzen scheint ein Mond, der den Reigen meiner Träume anstrahlt. In meinem wachen Geist herrscht eine Stille, welche die Geheimnisse der Liebenden enthüllt und das Echo der Gebete der Frommen weiterträgt. Und auf meinem Kopf liegt eine Zauberkrone, die der Todeskampf zerbricht und die das Lied der Jugend wieder zusammenfügt. Ich bin wie du, o Nacht. Die Menschen halten mich für anmaßend, wenn ich mich mit dir vergleiche; sie selber vergleichen sich mit dem Feuer, wenn sie sich rühmen wollen. Ich bin wie du, o Nacht. Uns beide verdächtigt man zu sein, was wir nicht sind.

Ich bin wie du, o Nacht, auch wenn der Sonnenuntergang mich nicht mit goldenen Wolken krönt.

Ich bin wie du, auch wenn das Morgenrot meine Schleppe nicht mit rosenfarbenen Strahlen ziert.

Ich bin wie du, auch wenn keine Galaxis mich umgürtet.

Ich bin eine stille Nacht. Meine Dunkelheit hat keinen Anfang und meine Tiefe kein Ende. Wenn die Seelen sich erheben und sich des Lichtes ihrer Freuden rühmen, so erhebt sich meine Seele; gefestigt im Dunkel ihres Kummers.

Ich bin wie du, o Nacht, mein Morgen erscheint erst am Ende meines Lebens. *Khalil Gibran, Die Stürme*

Khalil Gibran, Antoine de Saint-Exupéry,
Carl Gustav Jung

Gib dem Menschen
die Ewigkeit wieder

Worte und Gedanken zur Humanität

100 Seiten, Halbleinen
ISBN 3-545-20220-8

Auf ganz unterschiedliche Weise haben sich diese drei
Persönlichkeiten des 20. Jahrhunderts mit den Ideologien
ihrer Epoche auseinandergesetzt. Ein tief religiöses Emp-
finden sowie die Überzeugung, daß der Mensch, der
versucht, sich von dem Transzendenten zu lösen, seine
Wurzeln verliert und innerlich verarmen muß, verband
sie, wie auch ihr Bemühen um das Heil des Menschen,
das sie in der Übereinstimmung von Seele und Existenz
erkannten.

Benziger